AU NON DU PÈRE

Née en 1946, Catherine Allégret débute au cinéma à l'âge de 18 ans sous la direction de Costa-Gavras dans *Compartiment tueurs*. Attirée par l'écriture dès 1976, elle écrit et joue plusieurs spectacles en collaboration, dont la pièce *Trois fois rien*, représentée au théâtre du Petit-Montparnasse, qui recevra en 1982 le prix Tristan-Bernard de l'humour, décerné par la S.A.C.D. (Société des auteurs et compositeurs dramatiques). Elle retrouve, seule cette fois, le chemin de l'écriture, avec un récit autobiographique : *Les Souvenirs et les Regrets aussi...* (Éditions Fixot).

En 1997 elle publie son premier roman *L'Entre deux mères* (Éditions Stock), puis, en 1998, *Au non du père*, toujours aux éditions Stock.

Dans Le Livre de Poche :

L'ENTRE DEUX MÈRES

CATHERINE ALLÉGRET-LIVI

Au non du père

STOCK

À Ivo Livi
À Lydia Livi
À Jean-Louis Livi
À Valentin Livi

« Il faut bonne mémoire après qu'on a menti. »

CORNEILLE, *Le Menteur*.

Avertissement au lecteur

Le tribunal de Paris, ayant estimé que certains qualificatifs figurant dans la première édition de ce livre comportaient un caractère injurieux à l'encontre de Mademoiselle Aurore Drossart, a ordonné de les supprimer.

Faute de vocabulaire, il s'est avéré impossible pour moi de les remplacer...

J'ai donc préféré laisser à votre imagination la liberté d'opter pour les appellations de votre choix.

C'est la raison pour laquelle, à quatre reprises, vous trouverez le signal *« biiip »* en lieu et place desdits mots.

Au choix, le remplacement pourra s'effectuer avant, pendant ou après la lecture de ce petit opuscule, voire même plusieurs fois, selon votre humeur.

C'est le privilège qu'aura votre imagination sur le pouvoir juridictionnel !

Catherine Allégret.

« Heureusement pour nous que j'avais engrangé suffisamment de force car à la mort de Montand et dans les temps qui ont suivi, il me restait encore beaucoup de choses à voir et à entendre. »

À quelques lignes près, ces dernières phrases concluaient *Les Souvenirs et les Regrets aussi*.

En août 1993, je n'imaginais pas que le pire du pire était encore à venir.

Montand était mort depuis presque deux ans et, après un parcours pourtant jalonné d'abandons, de négations et de trahisons, je croyais naïvement avoir tout vu.

Je pensais avoir touché le fond de la douleur et de l'indignation.

Je me trompais.

C'était compter sans le tour hideux qu'allait prendre l'« affaire Drossart ».

J'avais beaucoup dit que je n'utiliserais plus le « je ». Qu'il n'y aurait plus d'autre récit autobiographique ! Je m'étais promis de ne plus recommencer...

Les événements m'ont amenée à reprendre ma parole.

Les errements de la Justice, peut-être aveuglée par la personnalité d'une star et le zèle de journaux pas toujours à scandales qui ouvrirent leurs colonnes ou leur antenne à deux *« biiiip »* saisies de folie médiatique, m'ont contrainte à vous raconter cette histoire pas très propre, la véritable histoire de « la dernière pelletée de terre et autres récits ridicules »...

Il était une fois, le 31 décembre 1988, la naissance d'un petit garçon, Valentin.

Il était une fois un homme riche, célèbre et vivant : Yves Montand.

Il était une fois aussi une inconnue, Gilberte Drossart.

Apparemment interpellée par les déclarations du nouveau père dans les magazines, cette femme décidait de devenir mère à son tour et mettait au monde une fille, un très vieux bébé âgé de quatorze ans.

Elle trouvait ainsi, avec l'appui de certains médias, le rôle de premier plan que, jusqu'ici, son état de « comédienne » ne lui avait jamais procuré.

Mais, comme il n'est pas de rôle sans scénario, elle s'inventait aussi un père pour son enfant et imaginait avoir eu, avec Yves Montand, une liaison de plusieurs années.

Pour étayer son roman, il lui fallait trouver quelques relations complaisantes qui écouteraient son délire et le répéteraient calmement à la Justice comme si elles en avaient été les témoins directs.

Madame Denise Godard et Monsieur Henri Colpi allaient exceller dans le genre.

Et, pour bien se convaincre de l'authenticité des faits, elle en fit la révélation à la presse à scandales, avec force détails.

À partir de ce moment-là, oubliant qu'elle en était l'instigatrice, elle se prit à croire aux mensonges qu'elle lisait dans les magazines.

Il semblerait que les trois juges qui composaient le tribunal à cette époque eurent eux aussi de très mauvaises lectures. Tout en déclarant irrecevable l'action en recherche de paternité menée par Madame Drossart, compte tenu de l'âge avancé de son nourrisson, ils se laissèrent convaincre par les témoignages et ordonnèrent une expertise sanguine avant de se prononcer sur une demande de subsides.

Montand, qui avait souhaité – sans succès – être confronté avec ces témoins, en particulier avec ladite dame, porta plainte avec constitution de partie civile ; plainte pour « établissement d'attestations faisant état de faits matériellement inexacts, et usage ».

Puis, compte tenu du dépôt de cette plainte, il demanda un report des opérations d'expertise.

Je dis bien REPORT.

C'est cette demande de *report*, justifiée par le contexte pénal dans lequel elle était faite, qui sera interprétée par la cour comme un REFUS.

Montand n'avait pas refusé de se soumettre à cette expertise. Il avait légitimement cru qu'à l'issue de cette procédure pénale, les témoins seraient confondus. Il n'avait donc aucune raison de se présenter à cette expertise.

Il attendait que le juge le convoque en présence de ses contradicteurs pour au moins les entendre et apprécier le bien-fondé de sa plainte et de sa demande de report.

Mais ledit juge se contenta de mettre en doute l'existence de la plainte pénale et demanda à l'expert de constater l'absence de Montand au jour dit.

Par télégramme, l'expert avertit la parturiente de ce que Montand ne se présenterait pas. Je ne connais pas le texte de ce télégramme. Toujours est-il que le 15 avril 1991, l'expert constata l'absence de Montand à l'examen – ce, en présence des Drossart.

Cette absence, motivée par une procédure pendante (cette expression du jargon juridique est plaisante, elle fait image, surtout dans le cadre d'une action en recherche de paternité !), fut assimilée à un refus.

De faux témoins, un faux refus, une fausse ressemblance : tels furent les ingrédients qui allaient faire d'Aurore Drossart, dans l'esprit de beaucoup de gens et dans celui d'une Justice bien crédule, la fille cachée d'Ivo Livi, dit Yves Montand.

Il était une fois, le 9 novembre 1991, la mort d'un homme. Un homme qui avait eu le tort de croire qu'il était en droit d'attendre que la Justice fît son travail et, de préférence, dans l'ordre.

Je vais essayer de vous narrer les faits, si possible en respectant la chronologie.

J'entends la voix de ma petite mère qui murmure, moqueuse, à mon oreille : « Ça, ma souris, eu égard à la lourde hérédité familiale qui nous entraîne souvent dans les méandres de la digression, ça n'est pas gagné ! »

13 novembre 1991.

Paris portait le deuil de celui qui l'avait si bien chanté. Son ombre gigantesque ne se découperait plus sur aucun rideau de tulle. Il n'était plus maintenant que cette statue de roses rouges qui tanguait au sommet du fourgon mortuaire.

Par-delà la mort, Montand adressait un dernier signe d'amitié à la foule massée tout au long du parcours qui traversait sa ville, longeant la Seine jusqu'au cimetière du Père-Lachaise.

Au revoir et Bercy... Bercy et au revoir !

Les uns se signaient, les autres applaudissaient, d'autres pleuraient, d'autres encore applaudissaient, pleuraient et se signaient tout à la fois.

Cet enterrement grandiose provoqua diverses réactions dans la presse du lendemain.

Bouleversant ! s'exclamèrent ceux qui partageaient notre peine.

Ridicule ! grincèrent les critiqueurs professionnels, agacés par la beauté et l'abondance du cortège.

Pendant ce temps, dans un appartement de Boulogne-Billancourt, une femme fourbissait ses armes et complotait avec sa fille.

Attaquer, calomnier, divaguer, tels seraient les verbes qu'elles allaient conjuguer à tous les temps.

Poser, aussi.

Gilberte Drossart posait avec sa fille qui posait parmi les portraits de Montand.

Le cirque médiatique dressait son chapiteau.

La demoiselle se travestissait en orpheline pour aller renifler sur la tombe du défunt, une rose à la main, parmi les fleurs encore fraîches, sous l'objectif gourmand des paparazzi.

Il fallait relancer la machine judiciaire freinée par la disparition de Montand.

Pour la femme, il s'agissait de reprendre son action aux fins de subsides. Montand parti, les héritiers feraient l'affaire.

Conseillée, à l'époque, par Maître Jacques Vergès (que l'on retrouve toujours dans les bonnes affaires), elle fit émanciper sa fille, âgée de quinze ans. Désormais majeure, celle-ci allait pouvoir entreprendre une action en recherche de paternité posthume.

C'était bien joué.

Le mort étant absent, ce lui fut chose aisée. Elle alla crier famine chez la Justice, sa voisine, la priant, etc.

Mademoiselle reprenait la procédure, mais ce fut Madame qui poussa, organisa, démarcha, exposa et traita.

En ce temps-là, la petite Aurore, si petite que sa taille seule aurait dû alerter les juges sur les fantaisies de sa mère, n'était qu'une marionnette entre des doigts maternels et crochus.

Et, le croirez-vous, à l'époque, je ne parvenais pas à lui en vouloir. J'éprouvais même une certaine compassion pour cette malheureuse enfant récitant sa leçon comme un perroquet, tout en guettant du coin de l'œil l'approbation de sa coupable génitrice.

Madame Drossart se répandit dans les journaux avec force détails sur sa vie passée auprès d'un artiste de grande renommée.

Les fameux croissants qu'il lui aurait apportés à son hôtel, un matin de l'hiver 1972, sont restés sur l'estomac de la propriétaire de l'hôtel en question, qui déclarera au cours de l'instruction menée dans le cadre de l'enquête pour faux témoignage :

« J'affirme que je n'ai pas vu Montand monter. (Elle ne faisait pas d'humour.) Je le vois très mal en train de porter un plateau contenant un petit déjeuner à l'une de mes clientes ! »

La conteuse aimait le cinéma. Elle s'appesantissait sur son passé de comédienne. On ne sait jamais : si, du même coup, un metteur en scène allait la remarquer ? Une fois n'est pas coutume.

Tiens, Lelouch par exemple, pour une nouvelle version de *Mère Courage*... Gilberte Drossart dans le rôle de la Mère, voilà une affiche qui n'aurait pas manqué de chic !

Pour faire face à cette déferlante, nous nous vîmes contraintes, Carole et moi, de reprendre la procédure engagée de son vivant par Montand et qui avait tout de même permis d'établir que quelque chose ne tournait pas très rond dans ce dossier.

Le magistrat instructeur prononça l'inculpation de Madame Drossart et de ses témoins. Néanmoins, jugeant que les conditions nécessaires à leur condamnation n'étaient pas réunies, le même magistrat prononça un non-lieu au bénéfice du doute au profit des inculpés.

L'enquête allait toutefois établir le caractère vague, imprécis et indirect des témoignages produits par Gilberte Drossart.

En ressortirait surtout son incapacité à administrer la preuve de sa prétendue liaison avec Montand.

Il n'en restait pas moins que le « bon peuple », de retour du marché, ému par les récits poignants des « bonnes feuilles » qui emballaient son poisson, commençait à croire dur comme fer que Montand n'était qu'un salaud.

Calomniez, calomniez, il en restera toujours quelque chose.

À ce « bon peuple », il est vrai, il manquait quelques détails de l'instruction révélant certaines anomalies dans les allégations des plaignantes... Instruction dont le secret, pour une fois, ne fut pas violé par les Drossart, et pour cause !

Gilberte Drossart situait la période de sa rencontre avec Montand peu de temps avant le début du tournage de *Vincent, François, Paul et les autres*, dans le courant de l'hiver 1972. À l'époque, confia-t-elle, elle participait sur la Côte d'Azur au tournage d'une série destinée à la télévision, sous le ravissant pseudonyme d'Anne Fleurange.

Or, le tournage de *Vincent, François, Paul et les autres* se déroula à Paris en 1974, et non sur la Côte durant la saison froide de 1972...

Quant à « Anne Fleurange », elle n'apporta jamais la moindre preuve de son tournage.

Mais Madame Denise Godard (une amie si proche que Gilberte Drossart mit six mois à la faire surgir de sa mémoire pour lui inspirer son témoignage), certifia néanmoins l'existence d'une liaison en janvier 1973.

Nous étions bien loin des « quelques imprécisions de date » relevées par la cour ! Nous nagions en plein délire mensonger.

Mais ce n'était pas fini. Jugez plutôt :

Pour établir la paternité de Montand, il fallait remonter à la période de la conception légale de cette jeune fille, née le 6 octobre 1975. À moins qu'elle ne fût prématurée – précision qui, à ma connaissance, ne fut jamais versée au dossier –, il fallait établir que sa maman avait côtoyé Montand en janvier de la même année.

Pas de problème !

Cette fois-ci, ce fut Henri Colpi, le metteur en scène d'*Une aussi longue absence* (de mémoire ?), qui s'y colla :

« Je me rappelle en particulier que Madame Fleurange a rejoint Monsieur Yves Montand au Venezuela au début de l'année 1975, quand celui-ci tournait les extérieurs du film *Le Sauvage*. Cette liaison n'a pas été dissimulée. Elle a même été notoire pour un certain nombre d'acteurs et de techniciens du cinéma. »

Et la cour d'approuver :

« Ce témoignage demeure précis sur le principal point de litige, savoir l'existence de relations intimes à une période se situant pendant la période légale de la conception de l'enfant. »

Tout à fait, Thierry !

Sauf que le tournage du *Sauvage* s'était déroulé au Venezuela à la fin du mois de mai 1975, et non pas en janvier.

Quant à Gilberte Drossart, elle n'avait jamais mis les pieds au Venezuela !

Si pas les pieds, comment y avoir mis le reste du corps ?

L'ambassade du Venezuela en France a en effet certifié que, « dans ses registres correspondant aux années 1974 et 1975, ne figurait pas de visa établi au nom de Gilberte Drossart ou d'Anne Fleurange ».

Par ailleurs, Interpol Caracas a confirmé cette information :

« En réponse à votre télégramme du 15 juillet 1991 sur la nommée Drossart, alias Anne Fleurange, je vous informe qu'elle est inconnue de nos registres d'identification des nationaux et des étrangers. »

Quant au chauffeur de taxi qui prétendait l'avoir conduite à l'hôtel dans lequel résidait Montand à Caracas, et dont le témoignage n'avait pas même été retenu par la cour, un homme que personne, au demeurant, ne retrouva par la suite, il aura lui aussi été victime d'un effet de ressemblance... ce qui arrive, nous l'allons voir, à des gens très bien !

Étonnant, non ?

Ça me rappelle cette blague du jeune prêtre qui doit dire sa première messe. Mort de trac, il demande au vieux curé de l'encourager. Le vieil ecclésiastique lui propose de boire un peu de vin de messe pour se détendre. L'autre vide la bouteille, et, gai z'et content, s'en va dire sa messe. À l'issue de l'office, alors qu'ils se retrouvent tous deux dans la sacristie, le jeune demande à son aîné ce qu'il a pensé de sa prestation. « Ce n'était pas mal, lui rétorque l'ancien. À quelques détails près, c'était même parfait, mais... cela ne s'est pas passé au Mexique... Jésus n'a pas été fusillé... et à la fin de la messe, on dit : "Allez en paix", pas "À la vôtre !"... »

Pressés par la Justice, Denise Godard et Henri Colpi ont fini par mettre un peu d'eau dans le vin de leur messe.

L'une a convenu « n'avoir jamais été un témoin oculaire ou auditif d'une quelconque rencontre ou dialogue entre Yves Montand et son amie. Elle avait rapporté les confidences que lui avait faites Gilberte Drossart ».

Quant à l'autre, il déclara aux enquêteurs : « En résumé, tout ce que je sais de cette liaison m'a été rapporté par Madame Drossart et je n'ai jamais été témoin d'aucune relation d'une quelconque nature entre les intéressés. »

Je ne suis pas chroniqueur judiciaire. Je ne retranscrirai pas les témoignages des « acteurs et techniciens du cinéma » ayant participé à ce film, de Catherine Deneuve à Jean-Paul Rappeneau en passant par Jean-Michel Lacor, premier assistant. Ni les leurs ni ceux de tous les autres qui ont donné un peu de leur temps pour tenter de faire éclater une vérité qui, à l'heure où j'écris, sommeille encore au fond d'un bocal dans différents laboratoires d'expertise.

Qu'ils en soient ici remerciés !

On peut comprendre que Montand ait alors été persuadé que la Justice confondrait les « témoins ». On peut aussi comprendre que, dans ces conditions, il ait souhaité attendre le résultat de cette procédure avant de se rendre à une demande d'expertise pour le moins indue. Il ne faut pas oublier qu'il était Italien, un mâle italien touché dans son honneur et sa dignité, dans son orgueil aussi, peut-être, mais sûr de son bon droit. Il avait donc différé une démarche que seule la mort (mais cela, il ne pouvait pas le prévoir) l'empêcherait d'accomplir.

Essayons maintenant d'imaginer la conversation que la maman de la demoiselle prétendit avoir eue avec la mienne, de mère : Signoret en train de faire « pia-pia » avec cette dame et, tant qu'on y est, en présence de Danièle Delorme. Cela n'a pas de sens !

« C'est faux, je n'ai jamais été témoin d'une telle rencontre, a déclaré Danièle Delorme. Si une telle rencontre a eu lieu entre ces deux femmes, jamais Simone n'aurait accepté que je sois présente. C'était un point douloureux dans son existence de ne pas avoir eu d'enfant d'Yves, et elle avait suffisamment de pudeur et de dignité pour ne pas m'emmener à une telle rencontre. »

Quant à moi, je peux affirmer que si Maman avait été au courant de cette fable, cela aurait fait un certain bruit dans la maison ! Chez nous, on ne se disait pas les choses à mi-voix. J'étais déjà grandette et mère de famille, j'étais donc en âge de tout savoir, de tout entendre, de tout comprendre. Confidente privilégiée de Montand, j'ai justement entendu beaucoup de choses... mais *rien, jamais,* de cette histoire-là.

Je peux le jurer sur ce que j'ai de plus cher au monde et devant n'importe quelle cour de Justice !

À ce dossier, cousu d'un fil blanc pas très propre (comme disait Jacques Prévert), il fallait bien ajouter un peu de poids pour faire pencher la balance.

Gilberte Drossart tira donc de la manche de Maître Vergès un cahier photos du meilleur effet.

On y voyait notamment la jeune Aurore Drossart déguisée en Yves Montand. Enfin, jusqu'au cou seulement, car, pour la silhouette...

La pièce maîtresse de ce *book* la soumettait à la perspicacité de la cour, coiffée de la même casquette que celle que porte Montand dans *Le Choix des armes*. Elle avait posé de trois quarts gauche, la bouche close animée par un léger sourire, le regard plissé... Une belle réussite !

On y trouvait aussi, entre autres saletés, un montage de photos de Valentin et d'Aurore au même âge.

Indécent !

Il ne restait plus au tribunal qu'à conclure que, « comme les témoins, il ne pouvait manquer de noter la grande ressemblance physique existant entre Aurore, dont plusieurs photographies sont versées au débat, et Yves Montand ».

Voilà comment et sur quels éléments, par jugement rendu le 6 septembre 1994, le tribunal déclara qu'Aurore Drossart était la fille d'Yves Montand.

Je ne suis pas sûre que la personnalité même de Montand ait été totalement étrangère à ce jugement d'une drôle de Justice.

Ce 6 septembre 1994, il s'est passé quelque chose de grave. Quelque chose qui pourrait bien mettre en péril une liberté et un art de vivre entre hommes et femmes, gagnés après plus de vingt ans de lutte.

Il me semble en effet qu'en 1974, les femmes avaient une certaine maîtrise de leur sexualité et de leur fécondité.

Ainsi donc, n'importe quel homme se trouverait aujourd'hui à la merci de n'importe quelle femme qui prétendrait, au bout de quatorze ans, qu'il est le père de son enfant ? que cet enfant est le fruit d'une liaison dont il ne resterait aucune trace, pas la moindre lettre, pas la moindre photo, pas le moindre cadeau ? Pas un ami commun ? RIEN !

Ce n'est pas sérieux.

Sauf à reconnaître que Montand n'était pas n'importe quel homme...

Flanquée de son poisson-pilote de mère qui ressemblait de plus en plus à un poisson et de moins en moins à une mère, Aurore Drossart devint la mascotte de la presse poubelle, l'égérie de la chaîne du mieux-disant culturel.

Jean-Marc Morandini l'invita sur son plateau, ce qui était normal. Il la présenta au fils de Julio Iglésias, et *France-Dimanche* fit état d'une romance entre les jeunes gens.

Madame Drossart obtint, excusez du peu, un droit de réponse dans l'émission de Patrick Sébastien, à la suite des propos que j'avais tenus sur l'affaire dans une émission précédente. Au mépris du principe même du droit de réponse, l'animateur l'accueillit comme une star au pied de l'escalier et la laissa réciter son petit compliment sans l'interrompre, en lui accordant même bien plus de temps que la règle ne l'y autorisait.

Audimat oblige, sa venue dans l'émission avait été annoncée comme un événement.

L'élégance n'étant pas la qualité première de l'animateur en question, il n'avait pas jugé opportun de m'avertir.

De Morandini en Sébastien, de Sébastien en Courbet, de Courbet en Schönberg, pas une seule des émissions populistes de la chaîne du bon goût ne nous épargna cette présence.

À l'instar de Guillaume Durand, pionnier en la matière, puisqu'il avait été le premier à donner la parole à Aurore Drossart dans son Journal de feu La Cinq. Chacun y alla ainsi de son petit entretien.

« Enfin, je m'appelle Montand ! » exulta l'interviewée dans *Gala* du 15 septembre 1994, malgré l'arrêt de la cour ne l'autorisant pas non plus à s'approprier le nom de Livi.

Au fur et à mesure que la presse spécialisée sortait, polluant de ses manchettes racoleuses les façades de nos kiosques, ma compassion pour la frêle jeune fille s'émoussait.

En fouillant dans mon ordinateur qui a beaucoup plus de mémoire que Monsieur Henri Colpi, j'y ai retrouvé la lettre qu'on va lire. Je l'avais écrite à l'intention d'Aurore Drossart. Elle ne franchit jamais les portes de mon imprimante, mais elle me fit un bien fou. Je vous la livre telle quelle aujourd'hui. Peut-être la lira-t-elle aussi, si toutefois elle n'est pas encore partie cacher sa honte au fin fond du Tibet (pauvre Tibet !).

Mademoiselle,

Suite à un premier jugement rendu en votre faveur par la première chambre du tribunal de grande instance de Paris (jugement sur lequel je ne souhaite pas revenir aujourd'hui et sur lequel nous interjetons appel, compte tenu de la minceur des éléments qui l'ont motivé), j'ai pris connaissance avec un immense dégoût de vos débordements dans la presse écrite et parlée.

Dans un premier temps, j'avais décidé de me taire, préférant laisser au public le soin de se faire une opinion sur cette affaire à travers les élogieux propos que vous et votre mère tenez sur cet homme que vous voulez pour père.

Non contente d'avoir été élevée par une femme qui vous a abusée depuis votre naissance, vous voici maintenant encombrée d'un père « inhumain, lâche, irresponsable », et dont les engagements personnels vous ont « fait honte » (je vous cite).

Vous voici donc maintenant non seulement la fille d'une manipulatrice à la mémoire fantasque, mais encore celle d'un parfait salaud. Cela ne doit pas être drôle.

Alors, aujourd'hui, je sors de ma réserve pour vous dire ceci : il est un bien précieux et gratuit *: la dignité. Pas une cour de Justice ne pourra vous rendre ce bien inestimable que vous avez piétiné en pactisant avec une presse toujours avide de saletés et de mensonges pour satisfaire la curiosité d'un public qui, cette fois-ci, ne se laissera peut-être pas totalement abuser, qui sait ?*

C'est au nom de cette dignité, pour le respect et la mémoire de ceux qui ne sont plus, et pour l'amour que je porte aux survivants de cette famille qui est la mienne, que je ne peux plus me taire.

Carole a fait son devoir de mère et de compagne. Moi, aujourd'hui, je fais mon devoir de fille.

Mademoiselle, j'ai honte pour vous.

Catherine Allégret-Livi.

Le ton est peut-être un peu emphatique, mais... j'en avais lourd sur le cœur !

Nous ne pouvions laisser la Justice se satisfaire d'un jugement qui ne reposait que sur des interprétations.

Nous décidâmes donc d'interjeter appel.

Puisque Montand n'était plus là pour faire la preuve de sa non-paternité, nous rapportâmes dans nos conclusions qu'il était possible de reconstituer le patrimoine génétique d'un défunt pour autant qu'il existât encore des collatéraux vivants. Une note détaillée du professeur Janot, généticien, expliquait le mécanisme à suivre.

À ce moment de la procédure, le scénario s'inversa.

Dans leurs conclusions en réplique, les Drossart, estimant qu'elles avaient rapporté assez de preuves de la paternité de Montand, s'opposaient à notre demande d'expertise, qu'elles qualifiaient d'inutile et insusceptible de prospérer en l'absence du père prétendu...

Elles demandaient en toute simplicité que fût confirmé le jugement du 6 septembre 1994.

Mais la cour prit en compte la note du professeur Janot qui accompagnait nos conclusions. Elle ordonna qu'il fût procédé à un examen comparatif du sang de Lydia, la sœur survivante de Montand, avec celui de Carole et de Valentin, d'Aurore Drossart et de sa mère.

Pour la petite histoire, signalons que Maître Vergès avait entre-temps disparu du paysage au profit d'un certain Maître Bourdon. Dans l'une de ses déclarations, Madame Drossart devait expliquer ce changement au motif que Maître Vergès n'avait pas fait le nécessaire pour que la part d'Aurore fût officiellement séquestrée. Sans doute redoutait-elle que nous ne « mangions » tout. Préoccupation strictement sentimentale, nul besoin de le préciser.

Ni l'une ni l'autre ne savaient que, compte tenu du climat de la succession, nos notaires et nos avocats avaient fait en sorte que la part de l'« héritière médiatique » fût préservée.

En acceptant de représenter les Drossart, Maître Bourdon se préparait un sérieux coup de cafard.

Le professeur Rouger fut chargé par la cour de mener l'expertise.

Il fallut aller à Marseille, chercher Lydia Livi.

À plus de quatre-vingts ans, malgré la maladie et la douleur de deuils successifs qui avaient décimé notre famille, Lydia faisait preuve d'une énergie et d'un courage remarquables. Elle se présenta au laboratoire, il en allait de l'honneur de son petit frère.

Il fallut expliquer à Valentin que cela ne lui ferait pas mal. Nous étions le mercredi 16 octobre et ce petit garçon de huit ans à peine dut trouver que les marionnettes du jardin du Luxembourg avaient de bien piètres figures, ce mercredi-là.

Il fallut à Carole, Lydia et Valentin supporter la promiscuité des deux *« biiip »* qui, malgré l'espace offert par la salle d'attente du laboratoire, ne trouvèrent d'autres places pour poser leurs fesses que les sièges les plus proches des leurs.

Bien sûr, cela n'alla pas sans la traditionnelle présence de *Voici* qui planquait à l'extérieur (sur les indications des Drossart ?). Le 28 octobre 1996, ce magazine continuait d'affirmer que Montand avait refusé de se prêter à des tests sanguins et que, pour les juges, Aurore était bien la fille de Montand. On pouvait y lire aussi :

« Seuls ces examens détermineront si Aurore est bien la fille du "Papet"... Un test capital pour Aurore. Si les résultats de l'expertise s'avèrent positifs, Aurore aura le droit de porter le nom de Montand et de croquer une part du gâteau... »

Comme ses semblables, le magazine ne se privait pas non plus de décrire en long et en large ledit « gâteau ».

Le 14 février 1997, le rapport d'expertise tomba et la cour d'appel en fit ce compte rendu :

« Après une étude particulièrement précise et rigoureuse des données dont ils disposaient et sur la base d'analyses réalisées selon les méthodes actuellement les plus performantes à partir du système des groupes sanguins, du système HLA, sérologie et biologie moléculaire, et du polymorphisme de l'ADN, analyses dont il a confronté les résultats en aveugle avec ceux obtenus avec plusieurs laboratoires étrangers et dans un but de vérification mutuelle, l'expert Rouger conclut que la probabilité qu'Aurore Drossart soit la fille d'Yves Montand n'excède pas 0,001, soit 0,1 chance sur 100, alors que, selon les mêmes méthodes, celle de Valentin est de 0,9999, soit 99,99 chances sur 100. »

Dans son rapport, le professeur Rouger précisait bien :

« Du fait de l'absence de matériel génétique de Monsieur Yves Livi, il est impossible d'exclure formellement sa paternité vis-à-vis d'Aurore Drossart. Par contre, sous l'hypothèse (vérifiée par la probabilité de filiation de Valentin) que Lydia Livi et Yves Livi soient sœur et frère, la probabilité qu'Aurore Drossart soit la fille biologique d'Yves Livi, dit Yves Montand, n'excède pas 0,001 (soit 0,1 chance sur 100). La preuve formelle de paternité ou de non-paternité ne pourra être apportée que par l'étude de cellules ou de tissus prélevés chez Monsieur Yves Livi, dit Yves Montand. »

Une chance sur mille pour Aurore d'être la fille de Montand ; 999 pour Valentin d'être son fils ! Après un tel rapport, on aurait pu croire que les deux *« biiip »* seraient calmées pour un temps. Il n'en fut rien. Elles ne désarmèrent pas.

Le 15 mars 1997, c'est encore dans la grande oreille de *France-Dimanche* qu'elles déversent leur indignation :

« C'est comme si mon père m'avait reniée pour la troisième fois... »

Gare à la quatrième !...

Puis, après quelques apparitions sur des plateaux de télévisions européennes, elles prirent des vacances.

Et c'est au Maroc que *France-Dimanche* les retrouva... ou les précéda, on ne saurait dire, au mois de mai.

Aurore accorda une « interview bouleversante » et accepta, à son corps défendant, quelques clichés.

Gilberte Drossart se fit une douce violence et la rejoignit pour les photos.

Ne sachant pas à qui ils avaient affaire, un Bédouin, un chameau et un petit singe se laissèrent photographier avec elles.

Au matin du 6 novembre 1997, je décidai de me rendre au Palais de Justice pour entendre la décision de la cour d'appel.

C'était la première fois que je me présentais au Palais depuis le début de cette affaire.

Contrairement aux Drossart, ni Carole ni moi n'avions jamais assisté à une audience ni à la lecture d'un résultat de procédure. Telle était la ligne de conduite que nous nous étions fixée.

Ce jour-là, c'était différent ; nous pensions être arrivées au dénouement.

La possibilité d'une exhumation avait été évoquée par nos avocats. Ils nous avaient clairement demandé de nous prononcer sur cette éventualité. Ce que nous avions fait... clairement : s'il le fallait, nous irions jusque-là. Si cela demeurait le seul moyen pour laver Montand de l'ignominie, oui, nous l'accepterions.

Mais, tout de même, le flou artistique qui avait nimbé les débats en première instance, doublé des résultats du collège d'experts qui avaient conclu à cette probabilité d'une chance sur mille... non, les juges n'oseraient tout de même pas !

Quatorze heures trente dans la salle d'audience « Jean-Vassogne » du Palais de Justice.

Nous étions assis sagement au fond, Carole, Maurice, nos avocats et moi.

De l'autre côté de l'allée, les Drossart avaient elles aussi pris place.

À leur arrivée, je m'étais fait la réflexion que décidément, non, elle n'était pas bien haute, la petite Aurore.

Le fiancé de Madame les accompagnait. J'ai lu quelque part que ce monsieur était architecte et qu'il avait autrefois fréquenté le Venezuela et certains hôtels de Caracas.

L'histoire ne dit pas s'il avait jamais partagé ses souvenirs de voyage avec sa compagne.

Il était assis derrière elles.

Mais d'avocat, point.

Maître Bourdon était descendu du train en apprenant le résultat de l'expertise sanguine... et le bon Maître Collard qui lui avait succédé (et qui devait donc porter le dossard numéro 3 dans la lignée des ténors à avoir vocalisé sur cette médiatique affaire) était occupé ailleurs. Sans doute se réservait-il déjà pour l'une de ces interventions télévisées dont il a le secret.

« La Cour ! » clama un huissier.

Debout, nous autres !

À l'appel de notre affaire, nous dûmes nous approcher de la longue table rectangulaire au bout de laquelle avaient pris place Mesdames les Juges.

Nos jambes étaient molles.

Et la nouvelle nous tomba dessus, aussi lourde que la silhouette de roses rouges qui avait conduit Montand vers sa dernière demeure et dont il ne devait plus rester qu'une pauvre structure en polystyrène, si les rats ne l'avaient pas dévorée.

EXHUMATION !

Pourquoi ? eus-je envie de crier à Madame le Juge Collomp qui soutenait mon regard à l'autre bout de la table.

Pourquoi, pourquoi, pourquoi ?

Ce cri, monté de mon cœur en ruine, me resta dans la gorge.

Bien sûr, je me tus.

Il n'était pas dans mon intention d'interpeller un magistrat ; je parlais à ma peine.

Madame Collomp conclut en nous informant que nous aurions la possibilité de nous faire représenter par nos avocats, ce jour-là.

Merci, madame.

Des images m'assaillirent, concrètes, brutales, atroces.

Dans un sursaut de cynisme qui me fit sourire, je me pris à penser : ce jour-là, j'espère qu'ils auront la bonne idée de venir avec une bonne bouteille pour faire plaisir à ma maman, depuis le temps qu'elle n'a trinqué avec personne !

Ils allaient ouvrir la tombe de mes parents.

Ils allaient en extraire le cercueil de Montand.

Attention, la région est humide, le bois joue !

Et les vis ? Étaient-elles d'assez bonne qualité pour avoir résisté au temps qui passe ? Cela faisait six ans que les employés des pompes funèbres leur avaient donné un dernier tour.

Les feuilles mortes se ramassent à la pelle, les pétales de roses et les restes d'un mort aussi.

Un médecin légiste, botté, ganté, casqué, armé de vrilles et de pincettes, se pencherait sur les restes de mon diablotin – oui, c'est comme cela qu'il se nommait lui-même, parfois.

C'est bien toi qui l'as mise, la petite graine ?

Oui ou non ?

Allons, les ADN, on se réveille !!!

Une chance sur mille pour Aurore d'être ta fille... Fais un petit effort, le Mort !

Cherche encore !

ADN... acide désoxyribonucléique...

Ironie du sort : Montand avait un jour découvert ce mot-là : *dé-so-xy-ri-bo-nu-clé-ique...* Ces dix-neuf lettres avaient pris place dans son esprit curieux en même temps qu'une fascination pour le cerveau reptilien. Très fier et trop heureux d'avoir ajouté encore un mot savant à son vocabulaire, il le répétait souvent dans la journée, comme cela, sans raison. Pour ne pas l'oublier, il l'avait même inscrit sur une feuille de papier qui avait rejoint d'autres papillons épinglés sur un mur, au milieu de phrases en anglais et de pensées du jour.

Sans doute n'imaginait-il pas, à l'époque, que sa découverte l'empêcherait de dormir en paix, sous la terre, aux côtés de sa vieille.

Belles journées en perspective pour la presse !

Les radios se gargarisaient de la nouvelle :

« LE CORPS DU CHANTEUR
SERA EXHUMÉ. »

Suivait un « bref rappel des faits ».

Bref, en effet ! On passait directement du fameux jugement du 6 septembre 1994 à celui qui venait d'ordonner l'exhumation de Montand pour vérifier sa paternité.

On n'oubliait jamais de dire qu'il avait « refusé » de se soumettre à un test génétique de son vivant, mais personne ne prenait la peine de rappeler qu'entre-temps, il y avait eu une expertise sanguine qui n'accordait qu'un infime crédit de 1 pour 1 000 à cette paternité...

Toutes les radios, tous les journaux relataient les faits en ménageant le même hiatus dans leurs propos.

Montand passait toujours pour le garçon distrait qui essaime des enfants sans les reconnaître.

Même France Inter, que j'avais pris jusque-là pour une station sérieuse, se vautrait dans l'erreur. Je dus demander à Laurent Ruquier la possibilité de répondre après avoir entendu Claude Sarraute et Christine Bravo disserter sur la question dans son émission. Beau joueur, il me l'accorda.

L'une, lectrice assidue de la presse *people*, avait commenté les faits comme si elle avait tenu la chandelle. Quant à l'autre, je me contenterai simplement de dire que c'est un bienfait pour nos chères têtes blondes qu'elle ne soit plus chargée de leur enseignement. Chaque fois qu'elle émet un jugement sur quelque chose ou quelqu'un, il passe par le prisme déformant de son aigreur et de son désenchantement. Ce jour-là, sa méchanceté n'avait eu d'égale que sa bêtise.

L'« affaire », qui faisait grand bruit, remonta jusqu'au Comité d'éthique.

C'est alors que Paul Amar, passé d'un monde à l'autre, entreprit de la porter devant les téléspectateurs de France 2, invitant tous les « acteurs » concernés à venir participer à un débat en direct.

Que croyez-vous qu'il advint ?

Seuls les Drossart et leur bon maître acceptèrent, trop contents de retrouver les chemins des studios de télévision, quelque peu obstrués par l'engagement que TF1 avait pris auprès de nous de ne plus évoquer cette affaire jusqu'à son dénouement.

Pour ma part, j'avais dit ce que j'avais à dire sur l'antenne de LCI :

« À l'issue de l'analyse du prélèvement d'ADN, Aurore Drossart ne saura peut-être toujours pas qui est son père, mais, au moins, elle saura définitivement qui est sa mère. »

J'avais, sans modestie aucune, trouvé la formule assez heureuse, et je préférais en rester là.

Paul Amar avait également invité le professeur Philippe Rouger, auteur du fameux rapport d'expertise sanguine, et à nouveau nommé pour pratiquer l'expertise d'ADN. Le malheureux professeur avait accepté l'invitation sans présumer de l'attitude de ces dames et de leur mentor qui avaient de bonnes raisons de lui tendre un piège.

Maintenant que l'exhumation était ordonnée, une question restait à l'ordre du jour : et si l'ADN n'était pas exploitable ? En ce cas, la cour devrait s'en remettre au rapport qui concluait à la probable non-paternité de Montand. Il fallait donc se débarrasser de l'expert, et surtout de son rapport !

Petit à petit, au cours du débat, avec la grâce naturelle qui illumine chacune de ses apparitions, Gilberte Drossart entraîna donc le professeur dans une polémique au demeurant parfaitement oiseuse. Le visage presque aussi rouge que ses cheveux, la bouche déformée par l'insulte, elle fit tant et si bien que Rouger perdit son sang-froid et déclara qu'« il n'entendait pas en rester là et réserverait une suite à cette question ».

Tout cela sous l'œil accablé d'Yvan Levaï, admirable de dignité, de douleur et de colère contenue, qui, lorsque Collard le laissa enfin parler, s'exprima d'une voix étranglée au nom du respect de la volonté d'un mort et de celui de sa personne.

Il était temps de ramener le débat dans son cadre originel : l'éthique.

Il était temps de sortir enfin des confabulations haineuses de cette virago.

La suite, c'est le trio infernal qui la réserva au professeur en déposant une requête en récusation.

Le jugement, sur le bien-fondé de cette requête, rendu récemment, n'a sans doute pas été tout à fait de leur goût, car, si le professeur Rouger a bel et bien été remplacé dans sa mission d'expertise pour avoir manqué à son devoir de réserve, la cour n'a remis en cause ni ses excellentes qualités professionnelles, ni sa compétence, ni la fiabilité de ses précédentes conclusions.

Dont acte.

Dans la semaine qui suivit la demande d'exhumation, la presse se distingua encore.

Cette fois, la palme de l'ignominie revint sans conteste à *L'Événement du jeudi*. L'hebdomadaire ouvrit ses colonnes à Mademoiselle Drossart qui se livra, avec la complicité d'un journaliste, à de dangereuses déclarations dans lesquelles, à condition de savoir lire entre les lignes, on pouvait discerner une certaine angoisse :

« Si la partie adverse reste honnête, il n'y a aucun doute quant au résultat de l'analyse ADN. Mais, avec de l'argent et de l'influence, on peut toujours faire pression pour arriver à ses fins. »

Autrement dit, dans le cas où les analyses se révéleraient négatives pour la jeune fille, ce résultat ne serait que le fruit de notre pouvoir et de la corruption que nous aurions exercée vis-à-vis des experts.

Je n'ai reproduit ici que la fin de cette entrevue dont le ton général était de même facture. Nous y apparaissions, Carole et moi, comme des « femmes méchantes, n'ayant fait appel et exigé des analyses que pour des raisons d'argent ».

Pour illustrer cet article, il fallait un cliché de circonstance. Une photo du « Papet » sur son lit de mort s'imposait donc, énorme, en travers de la double page du magazine.

Notre sens de l'humour a des limites. Une fois de plus, comme nous l'avions fait pour d'autres torchons, nous demandâmes réparation et, comme bien d'autres aussi, le directeur et son journaliste furent condamnés pour diffamation.

Espérant sans doute, comme leurs collègues charognards, qu'une certaine vérité sortirait bientôt des éprouvettes, leur octroyant le droit de nous salir à bas prix pour faire vendre du papier, ils firent appel de ce jugement.

Puisque nous en sommes ici à distribuer des palmes, accordons l'accessit du cynisme à François Caviglioli pour son acrobatique et perfide prestation dans *Le Nouvel Observateur* du 13 novembre 1997 :

« La justice va exhumer la dépouille du chanteur pour prouver une paternité qu'il a refusée. Ce drame nous force à entrer dans une histoire de famille qui ne nous regarde pas. »

Il eût été souhaitable que, de fait, il en restât là.

Il n'en fit rien. Bien au contraire ! Après avoir exposé les faits dans un style peu éloigné de celui de ses confrères de *Gala*, *Voici*, *Ici-Paris* et autres *France-Dimanche*, mais avec beaucoup plus de références culturelles, il va sans dire, car il s'agit là, quand même, de l'un des organes de la gauche pensante, Monsieur Caviglioli n'en finissait pas de déraper :

> « ... Elle [Aurore Drossart] a vécu une enfance solitaire et pauvre face aux deux familles légitimes, crispées sur leurs droits, qui la rejetaient comme Montand l'avait rejetée. Deux familles qui avaient dressé contre elle leur légitimité comme un mur.
>
> « D'un côté, Catherine Allégret, la fille de Simone Signoret[1], que l'acteur avait adoptée, et, de l'autre, Carole Amiel, sa dernière compagne, qui, plus heureuse qu'Anne Drossart, avait obtenu qu'il

1. Il était important de le rappeler !

reconnaisse leur fils, le petit Valentin. Peut-être parce que l'âge avait affaibli les défenses d'Yves Montand, ou parce qu'un Méditerranéen acceptera plus facilement un fils, qui perpétuera son nom.

« Cette histoire est un drame pour tout le monde, pour nous aussi, qui sommes bien forcés[1] de nous mêler d'une affaire qui ne nous regarde absolument pas.

« Il y avait pourtant un moyen très simple d'éviter ce déballage de linge sale et l'épreuve de l'exhumation. En 1994, un tribunal de grande instance a donné raison à Anne Drossart et à sa fille Aurore. Si les familles légitimes avaient accepté ce jugement, la tombe d'Yves Montand serait restée inviolée[2]. Et intacte, sa légende de générosité et de droiture véhiculée par ses rôles et ses engagements.

« Mais les familles officielles ont fait appel, préoccupées avant tout de repousser l'enfant adultérine, l'intruse qui convoite le sixième de l'héritage.

---

1. La vie de journaliste comporte bien des vicissitudes.

2. Cette théorie chère à Mesdames Drossart a fait école.

« L'argent se cache toujours derrière les plus nobles et les plus pathétiques revendications. L'argent, tout le monde y pense[1]. Les légitimes, qui ont déjà touché leur part, et les illégitimes qui en rêvent... »

Encore un qui faisait abstraction de l'essentiel de notre motivation : la mémoire d'un homme et le respect de sa famille.

À ceux qui trempèrent leur plume dans la même encre, à ceux qui jugèrent sans voir, à ceux qui crurent voir, à ceux qui affirmèrent savoir, à ceux qui se frottèrent les mains en ricanant dans les allées du Père-Lachaise, et aux mégères qui chuchotèrent à la hauteur de la 44e division, je n'avais désormais qu'un mot à dire :

Patience !

---

1. Oui, même les directeurs de publications variées z'et multiples.

Nous abordâmes les fêtes de fin d'année avec une sensation de profond malaise.

Tandis que les Drossart poursuivaient leur tournée européenne pour commenter leur combat auprès d'une presse francophone friande de leur duo, nous préparions Noël, puisque nous avions la chance d'avoir une « vraie famille ».

À Marseille, Lydia ne se consolait pas de la violence de la « chose » à venir.

À Paris, Carole expliqua à Valentin qu'on allait analyser « un peu de poussière de Papa », pour en finir avec cette sale histoire.

Chez nous, on se vengea sur les boules et sur le sapin qui ne fut jamais aussi beau ni aussi paré. Nous allions fêter le deuxième Noël de notre petit-fils Julien, et cela dilua notre colère.

Compte tenu de l'indignation qui avait accueilli la nouvelle de la prochaine exhumation de Montand, je crois bien qu'au fond de nous, nous espérions tous un « quelque chose » qui ferait surseoir à cette décision.

Ce quelque chose aurait pu être, par exemple, l'absence de consignation des fonds requis par le juge pour régler les opérations d'expertise. La date d'échéance en était fixée au 31 décembre. Convaincue que le résultat ne pouvait être différent de celui du rapport Rouger, je me disais qu'un sursaut de lucidité allait gagner nos *« biiiip »* et qu'elles sauraient négocier ce tournant de leur histoire avec le bénéfice du doute. En ne consignant pas, l'expertise serait annulée. Le rapport Rouger serait entériné et la chance sur mille, pour Aurore Drossart, d'être la fille biologique d'Yves Montand demeurerait, pour la demoiselle et sa mère, une rente de situation qui pourrait bien encore fonctionner un petit bout de temps.

Il n'en fut rien.

Sous l'empire d'une fièvre médiatique qui leur faisait perdre tout bon sens, elles consignèrent *in extremis*, informant la presse de la difficulté qui avait été la leur de réunir la somme de dix-neuf mille cinq cents francs dans l'état de dénuement où elles se trouvaient.

Force m'est de constater que, malgré les quatorze cerveaux que m'a légués ma chère

Maman, je ne comprenais toujours pas comment on pouvait en arriver à verser dans un tel délire.

Mon amie et conseil, Maître Dominique Piwnica, me raconta alors ce qui lui était arrivé avec un de ses clients dans une affaire de meurtre. Il lui avait décrit les faits jusque dans les moindres détails. Entre eux, il n'y avait eu ni doute ni mensonge. Mais, au fur et à mesure qu'elle préparait sa défense, il en vint à occulter totalement son acte et à croire fermement en sa propre innocence...

Va pour le « syndrome d'innocence » ! Mais tout de même... Non, je ne comprenais toujours pas.

C'est alors que Dominique évoqua la frénésie médiatique.

J'arrêtai de me gratter la tête. Tout devint limpide.

Tout ça pour *ça* ?

Sans doute. Après tout, on ne risque plus la prison pour chantage à la recherche en paternité. Ce délit a été supprimé du Code pénal lors de sa dernière réforme. L'article 400 prévoyait d'infliger les mêmes peines à « celui qui aura fait de mauvaise foi une demande de recherche de paternité ou une demande à fin de subsides selon les articles 340 et 342 du Code civil, si la demande a été rejetée par la juridiction civile », qu'à celui qui se sera rendu coupable de chantage.

En revanche, si l'on savait bien choisir sa proie, on faisait la « une » des journaux.

Et tant pis si l'on mettait en péril la santé mentale de sa propre fille.

L'important n'était-il pas de paraître ?

Qu'importait la qualité du papier, pourvu qu'on y retrouvât sa face hilare et son nom imprimé en gros, en gras et en couleur !

Lorsque des journaux réputés sérieux comme *L'Express* ou *Le Nouvel Observateur* se mettaient à « ratisser large » pour appâter le chaland, on pouvait même en perdre la tête.

Me revint en mémoire une vieille chanson de Guy Béart, *Le Quidam*, qui disait ceci :

Écoutez l'histoire à coup sûr obscure,
D'un pauvre quidam et de ses tourments,
Tout ce qu'il subit comme mésaventures,
Pour connaître enfin la gloire du moment...

Est-ce ce qui avait indisposé les juges ? Ces dames avaient-elles voulu mettre un terme au délire schizophrénique de Gilberte et Aurore Drossart en leur claquant le couvercle d'un cercueil sur les doigts ?

En attendant, nous, ce couvercle, nous l'avions pris sur la tête.

Le retour des congés scolaires de février fut assez brutal.

Je reçus un coup de fil de Dominique Piwnica. Elle m'annonça que la date de l'exhumation était arrêtée au mercredi 11 mars 1998.

Lorsque le téléphone sonna, j'étais seule à la maison avec Hélène, ma belle-mère. Clémentine était à l'école et Maurice tournait.

Je me mis à trembler et Hélène le remarqua à la cigarette qui vacillait entre mes doigts.

Lorsque je raccrochai, je devais être un peu pâlotte.

Maurice appela, comme chaque fois qu'il avait un peu de temps entre deux prises de vues, et je lui annonçai la nouvelle.

Notre souci immédiat fut de préserver Clémentine et Benjamin. Il ne fallait pas qu'ils sachent. Il fallait que personne ne sache.

Éviter les commentaires des intervenants de service et les dispenser d'aller salir leur costume des dimanches en se couchant sur une tombe. Précaution inutile, du reste, car au soir du 11 mars, ils se firent discrets.

Il fallait épargner Lydia, qui devait encore espérer un miracle.

Et Valentin ?

Dis, Valentin, c'est vrai qu'on va déterrer ton Papa ?

En sortant de l'école, nous avons rencontré...

Oui, vraiment, il fallait tenter d'oublier cette date-là.

Nous étions le lundi 2 mars, nous avions encore neuf jours de bonheur à tirer avant l'innommable.

Neuf journées...

Sept heures du matin. Quatre tops retentiront dans le radio-réveil, et Patricia Martin annoncera le journal de 7 heures sur France Inter. Un baiser de mon mari marquera le premier bonheur du jour et le signal d'une journée qui commence. Les vacances scolaires finies, les horaires de Clémentine rythmeront à nouveau notre vie. Je me lèverai et, tandis que Maurice ira prendre sa douche, je quitterai la chambre en direction de la cuisine. Derrière la porte du salon, notre chatte, genre siamoise, nous espérera bruyamment. Je basculerai la clenche et recevrai aussitôt ma première ration de tendresse animale de la journée : un ruban de soie s'enroulera autour de mes chevilles dans un fort bruit de moteur. Comme chaque matin, je referai les mêmes gestes : je ramasserai la gamelle de Zaza, qu'elle soit vide ou non, je prendrai aussi son bol pour y remettre de l'eau fraîche. Au passage, je jetterai un coup d'œil dans la cour. Jumbo, notre berger allemand, un éternel chiot de quarante-cinq kilos de muscles, attendra, assis sur son cul, que je lui ouvre. C'est le plus jeune de nos pensionnaires. Le plus fort, aussi. Je feindrai de l'ignorer. Cela fait partie du rituel. Il faudra d'abord que Zaza mange. Nous irons dans la cuisine, elle et moi. Un premier arrêt pour allumer, puis je ferai les stations d'usage dans le sens contraire des aiguilles d'une montre. Ce sera d'abord le pot où est conservée sa nourriture. Si Zaza n'a pas fini son repas de la veille, je récupérerai les anciennes croquettes dans la dose et je la compléterai. Il faudra faire beaucoup de bruit avec le bocal, de façon que la chatte pense que toutes les croquettes sont neuves. Je déposerai le plat dans l'angle que forme le placard à vaisselle avec celui de l'évier. C'est là, et pas ailleurs, que cette demoiselle déjeune. Je me pencherai sur elle, je la caresserai et lui prodiguerai des petits mots d'amour. Elle aura l'élégance de m'adresser un regard dilaté par la reconnaissance avant d'attaquer son petit déjeuner. J'entendrai le bruit de son museau fouillant dans le récipient.

Mon trajet se poursuivra. Je dépasserai l'évier jusqu'à la cafetière électrique déjà remplie de la juste mesure d'eau. Le filtre en papier sera en place depuis la veille ; il ne me restera plus qu'à doser le café. La boîte sera là, tout près de la cafetière, juste à côté de la planche à découper et du citron dont j'utilise chaque matin une moitié pour me faire le même jus tiède depuis treize ans. Un verre, une bouteille d'eau minérale seront aussi à portée de main. Je verserai donc un peu d'eau dans le verre et gagnerai la troisième étape du rituel matinal : le four à micro-ondes. Les quarante secondes durant lesquelles l'eau chauffera me permettront d'allumer la radio, de débrancher le filtre de l'aquarium dans lequel s'ennuie José, notre poisson rouge survivant, à moins qu'il ne s'agisse d'Artur (nous avons toujours eu beaucoup de mal à les reconnaître). Je compterai quatre granulés de micro-nourriture, un exercice assez difficile le matin au réveil, surtout sans lunettes, et je les jetterai dans l'eau. Ils seront happés par le « veuf » que la solitude a rendu boulimique. La sonnette du four à micro-ondes me tirera de ma mélancolie ichtyologique.

Vincent Josse déroulera une chronique « côté culture », dithyrambique à propos d'un auteur dont je n'aurai pas saisi le nom mais dont « le style n'est pas sans [lui] rappeler celui de Jean Échenoz ». Cela me fera doublement regretter de n'avoir pas retenu le nom du premier, alors que j'apprécie tant le second.

Je finirai de presser ma moitié d'agrume. Je ferai couler l'eau sur le cône du presse-fruits de base qui me suit dans mes moindres déplacements en province et même à l'étranger, et les agapes commenceront avec une cuillerée à moka de purée d'amandes complètes arrosée d'un demi-jus de citron.

Ce rituel, indispensable à mon début de journée, est un vestige du traitement prescrit par l'homéopathe qui m'a aidée à vivre en août 1985, quand ma mère a commencé à mourir.

Tout sera calme dans la maison.

Chaque matin doit être une fête, car de ce moment dépend tout le reste de la journée.

La table du petit déjeuner sera mise depuis la veille avec soin. C'est un service de porcelaine blanche décorée d'un liséré de feuilles de vigne vertes et bleues. Il est distribué sur une nappe jaune pâle à semis blanc. Je déposerai le beurre, les yaourts, les confitures, le pain et les céréales, le lait et le jus de fruits de Clémentine.

Le café coulera dans la verseuse et répandra son parfum chaleureux dans la cuisine.

Jumbo sera tout contre la porte. Je lui ouvrirai enfin. Douce, la vieille golden le suivra en s'étirant. Ils auront faim de caresses. Jumbo ira se coucher sur le tapis et se fera tout petit, les oreilles en casquette, l'œil humide. Douce s'assiéra à ses côtés en émettant des grognements de plaisir. Je tapoterai sa tête blanche, unique endroit décemment accessible depuis son dernier bain dans la mare. Jumbo se mettra sur le dos, les quatre pattes en l'air, comme une grosse peluche, et je lui gratterai le ventre.

Maurice me rejoindra, frais et de bonne humeur.

Le son d'un frottement de coussinets sur le carrelage annoncera l'arrivée de Florette, le cavalier king-charles. Son pelage emmêlé rasera les tomettes. Elle tortillera de la croupe, secouant la tête pour nous saluer. Elle traînera sa joue contre le carrelage et parviendra à saisir l'une de ses oreilles dans sa gueule. Elle nous l'offrira comme un présent. « Regarde, elle bat de la queue pour ressembler à un chien ! » jettera Maurice pour faire enrager sa propriétaire, notre fille Clémentine, laquelle arrivera tout de suite après sa chienne. En la voyant paraître comme chaque matin, je ne pourrai m'empêcher de penser qu'elle est jolie.

Les jours rallongent, le printemps n'est plus très loin, il ne faudrait pas gâcher ces matins-là.

Comme il arriva vite, ce mercredi 11 !

Mercredi 11... cela sonnait comme *Vendredi 13*, film d'horreur culte de toute une génération !

D'ordinaire, nous aimions bien les mercredis. Clémentine n'allait pas en classe, nous dormions plus tard.

Mais, ce matin-là, pas de grasse matinée.

La sonnerie du téléphone me tira du sommeil.

J'entendis la voix bouleversée de mon petit camarade Hervé qui venait m'assurer de son affection et de son soutien pour la journée qui s'annonçait.

Je fis l'âne : « C'est gentil, mais pourquoi ? »

Inutile de minauder, il avait entendu la radio.

Depuis sept heures du matin, à chaque bulletin on répétait la même nouvelle : *« Le corps d'Yves Montand sera exhumé ce soir. »*

Je me levai comme un ressort. Maurice n'était plus à côté de moi. Je le retrouvai à la cuisine.

« Oui, je sais, j'ai entendu. Les radios débordent. Il y a un papier dans *Le Parisien.* »

Ainsi donc, nous avions étouffé notre chagrin pour rien. Une fois de plus, les Drossart avaient bavé !

Une angoisse de même nature que celle qui m'avait étreinte le matin de la mort de ma mère me saisit.

Le tableau était presque identique : notre famille allait être informée par la presse avant même que nous n'ayons eu le temps de le faire nous-mêmes.

Benjamin ?

Mon fils apprendrait par la radio que l'on allait déterrer son grand-père ce soir-là. Il allait me détester de l'avoir tenu à l'écart.

Clémentine ?

Elle dormait encore... Pas d'école, pas de radio-réveil, donc pas de mauvaise nouvelle au réveil.

Et Lydia ?

Voilà qui était plus grave.

J'étais tellement sûre qu'elle ne devait pas avoir cessé de pleurer depuis le matin que, lâchement, je renonçai à l'appeler.

Même motif pour mon cousin Jean-Louis. Je craignais sa réaction. J'avais surtout peur qu'il me reproche de ne pas l'avoir informé de la date de l'exhumation sitôt que je l'avais moi-même connue.

Je me rendis compte que, non contente d'avoir voulu préserver ceux que j'aimais, j'avais eu, vis-à-vis de cette nouvelle, une réaction proche de ce que l'on doit ressentir lorsqu'on est victime d'un viol : le sentiment d'être sali, trituré dans sa chair. Un irrésistible besoin de taire cette nouvelle, de l'occulter, de l'enfouir, m'avait contrainte au silence.

Oui, c'était bien cela que je ressentais : en allant remuer la terre de la tombe de mes parents, en allant fouiller le corps de cet homme qui m'avait voulue pour fille, c'était mon corps que l'on allait fouiller.

Pour Valentin, c'était un miracle que nous soyons mercredi. Il n'était pas en classe. Il était à l'abri auprès de Carole.

Le 29 décembre 1997, c'était déjà *Le Parisien* qui avait relaté les conditions dans lesquelles Anne Drossart avait pu réunir la somme exigée pour les premiers frais d'expertise : la malheureuse avait dû faire

« du télémarketing et des paquets-cadeaux à quarante francs de l'heure ».

Avec beaucoup de nœuds, les paquets ?

Cette fois-ci, elles racontaient par le menu le programme de la journée. Michel Deléan terminait son papier ainsi :

> « En droit, la décision de la cour d'appel ne pose pas problème. La recherche génétique est prévue par les textes et elle a déjà été mise en pratique. En revanche, un débat intense s'est engagé sur le problème moral de l'exhumation. Interrogé en pleine polémique, le Comité national consultatif d'éthique s'est avoué embarrassé par ce cas. L'un de ses membres, le généticien Axel Kahn, a rappelé que la loi de 1994 sur la bioéthique impose, pour un examen de ce genre, d'obtenir le consentement éclairé du patient... »

C'est sans doute l'une des raisons pour lesquelles l'exhumation allait avoir lieu la nuit, à la lumière des projecteurs...

Dès son réveil, nous informâmes Clémentine. Comme à son habitude, elle sembla encaisser le choc.

Elle sembla !...

Moi, je ne décolérais pas contre ces deux drôlesses qui avaient minutieusement organisé leur prestation. J'appelai Dominique Piwnica pour lui redire mon affection et la remercier encore de m'éviter cette macabre démarche. Elle se rendrait au Père-Lachaise en compagnie de Maître Laurent Merlet, l'avocat de Carole, qui, bien évidemment, avait elle aussi décidé depuis le premier jour de ne pas assister à cette horreur.

Tandis que Madame Drossart et sa fille se pomponnaient pour ce grand jour, nous avions branché nos répondeurs sur lesquels se bousculaient déjà de nombreux messages. Beaucoup de journalistes, très peu d'amis, mais les vrais.

Ni elle ni moi ne fîmes de déclaration. La messe était dite depuis le 6 novembre ; inutile de prêcher encore.

L'exhumation était prévue aux alentours de dix-huit heures. D'ici là, nous avions de longues heures devant nous pour suivre les commentaires des radios.

Ponctuellement, à chaque bulletin d'informations, on nous rappelait ce qui allait se passer dans la soirée, toujours avec ce « bref rappel des faits » qui souffrait encore des mêmes raccourcis historiques.

Je ne pus résister à la curiosité d'entendre ce qui se passait chez Ruquier. Christine Bravo était encore de service ce jour-là, plus haineuse et plus revancharde que jamais à l'égard de la gent masculine en général, de Montand et de sa famille en particulier. Jean-Pierre Coffe fit de son mieux pour lui remontrer qu'elle jugeait peut-être un peu vite les faits, mais rien ne semblait pouvoir endiguer sa logorrhée. Pour être juste, il ne faudrait d'ailleurs pas dire logorrhée, mais diarrhée, voire dysenterie verbale.

Dans la longue liste de gens que j'aimerais croiser le jour où l'on saura la vérité – la vraie, pas celle de *France-Dimanche* –, cette intarissable bécasse occupe une place de choix.

Les heures passaient, la tension montait aux abords du cimetière.

« En direct du Père-Lachaise... », comme on dit « en direct du Stade de France », les envoyés spéciaux recueillaient des impressions auprès des curieux ; on avait le sentiment que bien des personnes interrogées réglaient douloureusement leurs secrets de famille sur le dos de Montand.

En direct du Père-Lachaise ! Mais on rêve ! Qu'attendaient-ils, tous ces mange-merde ?

Que Montand leur en pousse une petite dernière en sortant de son trou ?

Ces messieurs, dans leurs commentaires, semblaient regretter que l'on eût bouclé le cimetière, interdit à la presse d'assister au spectacle, protégé les abords par des gendarmes et des chiens.

Une fois n'est pas coutume, saluons le travail de la police qui a empêché que cette pénible démarche judiciaire ne se transforme en bal de Halloween !

Les Drossart étaient allées « au coiffeur » pour des prunes, c'était fichu pour les gros plans.

La nuit tomba sur le cimetière.

La tombe était bâchée.

Les employés des pompes funèbres travaillaient à l'abri des regards.

Dehors, les caméras n'auraient rien d'autre à se mettre sous l'objectif que la sortie d'un véhicule des pompes funèbres.

Ni fleurs ni couronnes.

Quelques jours plus tard, lorsqu'une grève se déclencha à France 2 parmi les journalistes, j'entendis un cameraman déclarer qu'ils n'étaient pas d'accord avec une ligne éditoriale qui les obligeait à attendre deux heures devant le Père-Lachaise, avec deux caméras, le fugitif passage d'un fourgon transportant les débris osseux d'Yves Montand.

Certes.

Et le *Carnaval des hypocrites*, y as-tu pensé, camarade ?

Monsieur Du Roy ne répugne pas à pratiquer sur la chaîne qui l'emploie ce que, de sa plume alerte et insidieuse, il a si vivement fustigé naguère dans un ouvrage.

Tard dans la soirée, le macabre cortège prit le chemin de l'Institut médico-légal.

Là, Montand avait rendez-vous avec une dame, un médecin légiste. Une femme douce, blonde, aux yeux bleus.

Il n'aurait pas tout perdu dans sa journée.

Et les Drossart suivaient toujours.

Maître Collard aussi.

Répétons une fois encore que sa seule présence aurait suffi.

Dominique Piwnica et Laurent Merlet nous représentaient.

Je sais qu'ils auraient donné cher pour être ailleurs. Ce soir-là, ils firent bien plus que leur métier d'avocat ; ils sauvèrent nos nuits d'un ineffaçable cauchemar.

Les Drossart, elles, allèrent au bout de leur traque. Elles poursuivirent les malheureux restes du cadavre de Montand jusque sur la table de l'Institut.

Car c'est tout de même sous le regard obscène de ces deux démentes que la blonde légiste pratiqua ses prélèvements.

Un spectacle en valant bien un autre, elles assistèrent à tout, sans en perdre une miette, pour avoir de bien belles choses à raconter à leurs parrains de *France-Dimanche* et autres *Gala*.

Oui, elles regardèrent.

Sans frémir, sans vomir.

Quelle vengeance étaient-elles en train d'assouvir pour que l'odeur, le spectacle, le grincement des pinces et le cliquetis de la chignole ne les fassent pas défaillir ?

Après avoir surveillé jusqu'à la scellée des bocaux, elles quittèrent les lieux sur leurs deux jambes.

Ragaillardies par cette expérience unique, elles souriaient sur le parvis de l'Institut médico-légal, confondant une fois encore bravoure et indécence.

Elles s'en étaient mis plein les mirettes.

Après tout, un tel moment d'intimité avec l'être cher ne se refuse pas, surtout si l'on n'a pas d'autres souvenirs en partage.

Le lendemain, *Gala* paraissait dans les kiosques. Il va sans dire que, compte tenu des délais de bouclage, l'interview devait être prête depuis longtemps.

Dans cet entretien au contenu répétitif, je remarquai tout de même une perle étrange et révélatrice de l'état psychologique de Madame Drossart :

> *Gala :* Montand était votre premier amour ?
>
> *Gilberte Drossart :* Non, pas le premier, le deuxième. Le premier a été tué, on n'a jamais retrouvé son corps...

Nous étions à présent dans un roman inachevé des éditions Le Masque !

Le 14 mars, *France-Dimanche* titra : « Aurore n'a pas voulu assister à l'ouverture du cercueil » et, le 18, ce fut au tour d'*Ici-*

Paris d'annoncer : « Aurore a tout vu, elle raconte sa nuit d'horreur. »

Il faudrait savoir !!

Heureusement que France 2 avait fait le nécessaire pour s'assurer leur présence, le lendemain même de l'exhumation, au Journal de treize heures. Le 12 mars, elles furent donc reçues par Patrick Chêne, pas très à l'aise dans ses baskets.

Je me fis la réflexion qu'avec sa bouche pointue, rétrécie par un rouge à lèvres trop sombre, ses grosses joues et ses yeux outrageusement fardés, Gilberte Drossart ressemblait de plus en plus à Coluche lorsqu'il se travestissait en femme. (Je demande pardon à mon ami Michel Colucci et à sa famille pour cette désobligeante comparaison !). Je remarquai aussi que la légère moustache qui ombrait la lèvre supérieure d'Aurore Drossart lui donnait un faux air de Philippe Candeloro dans le rôle de d'Artagnan. (Mais qu'il se rassure, il est bien trop jeune pour être son père !)

Pour la couleur des cheveux, la carotte avait laissé place à l'aubergine. Partageant le même mensonge, les deux femmes semblaient avoir également partagé les mêmes pots de peinture. Le style de leurs coiffures différait néanmoins quelque peu. Celle de la mère tenait plutôt de l'asperge sucée, tandis que les mèches de la fille avaient des allures de cordons de combinés téléphoniques après une conversation difficile.

L'entretien fut surréaliste.

Jusqu'ici, j'ai évité la retranscription des élucubrations haineuses de ces deux femmes, aussi fantaisistes que répétitives, mais ce dialogue-là constitue à lui seul un florilège de tout ce dont elles ont été capables, au cours de ces années de procédure, pour faire les choux gras de certains médias. Chez Madame Drossart, seul manqua l'habituel couplet romantique sur les débuts de sa prétendue liaison avec Montand, mais il fut, comme on va voir, avantageusement remplacé.

Je vous livre donc ce petit bijou dans son intégralité, sans ajout ni omission :

> PATRICK CHÊNE : Nous entamons cette deuxième partie en évoquant une actualité qui a provoqué bien des réactions de tout ordre, d'ailleurs vous le verrez : l'exhumation du corps d'Yves Montand qui a été réalisée donc... heu... hier ; on apprend d'ailleurs que le corps d'Yves Montand a été à nouveau inhumé au Père-Lachaise hier soir, en toute discrétion, donc selon les vœux de la famille. Donc, l'exhumation a eu lieu pour que des experts désignés par la Justice puissent... heu...

déterminer si Aurore Drossart est la fille... heu... naturelle d'Yves Montand. Aurore Drossart est avec nous, on l'en remercie, à côté de... de sa maman, Anne Drossart. On va voir avec vous, mesdames, dans quelques instants, eh bien... comment vous avez vécu tout cela et quelles sont vos... vos motivations... heu... dans cette affaire. Mais, auparavant, on va revenir sur l'explication de ce qui s'est passé, de cette exhumation, justement, et de ce qu'on va pouvoir trouver avec les tests ADN...

VALÉRIE GAGET *(commentaire)* : Certains, comme le député Michel Hunault, pensent qu'il faut clarifier la loi ; il souligne notamment la nécessité de mettre à égalité les personnes qui se font incinérer et celles qui se font enterrer...

MONSIEUR LE DÉPUTÉ MICHEL HUNAULT : La loi de 1994 sur la bioéthique, qui avait été largement débattue au Parlement, faisait l'impasse sur cet important problème de la recherche en paternité sur les défunts. Et la proposition de loi que j'ai déposée, qui est sur le bureau de la Commission des lois, vise à interdire d'une part toute recherche de paternité sur des défunts, mais, en contrepartie, vise à avoir des sanctions importantes lorsque, de son vivant, on refuse de telles recherches.

VALÉRIE GAGET *(elle enchaîne dans son commentaire sur fond de cercueil que l'on porte en terre)* : De son vivant, Yves Montand ne se serait pas formellement opposé à ces recherches. Selon les membres de sa famille, il avait seulement demandé deux fois le report des analyses sanguines en attendant le résultat de la plainte qu'il avait déposée contre Aurore Drossart pour attestations inexactes.

(Fin du sujet.)

PATRICK CHÊNE : Aurore Drossart est avec nous, donc... heu... Aurore, on va essayer avant de... de souligner votre implication, bien sûr... heu... personnelle dans cette affaire. Quand on prend un peu de recul... heu... est-ce que, pour vous... heu... comme pour l'immense majorité du public, il est choquant d'être obligé d'exhumer un homme... heu... récemment décédé ?

AURORE DROSSART : Ben, j'pense que... heu... cent ans plus tard ou... ou dix ans après, j'pense que c'est toujours la même chose. Enfin, le... la morale elle est toujours là. Maintenant, c'est vrai que... heu... est-ce qu'il faut choisir le... le... le... choix, en fait d'un... d'un mort ou... heu... ou... ou... essayer de... de... ben, de faire en sorte qu'une personne est là, elle est vivante et... heu... essayer de lui faire reconnaître ses droits, alors qu'elle a essayé de... de... d'avoir ses... ses droits av... avant qu'il soit mort, je veux dire.

PATRICK CHÊNE : Est-ce que vous sentez l'opinion publique, l'opinion publique choquée... heu... la famille, heu..., les... les... les religieux, quelques philosophes... heu... les... les anciens confrères... heu... d'Yves Montand qui... qui montent un peu au créneau, ce matin, en disant : « C'est une honte d'avoir fait ça. » Qu'est-ce que vous répondez, vous qui... qui êtes impliquée au tout... tout premier... heu...

AURORE DROSSART : Ben moi, ce que je réponds, c'est que... en 96, j'ai été reconnue officiellement sur des... heu... sur des témoignages... heu... après heu... après une procédure qui a été très longue, au cours de laquelle d'ailleurs... heu... Yves Montand est mort et j'ai été reconnue officiellement. Donc... heu... j'dirai que si elles[1] n'avaient pas nié... heu... ma présence et le fait que moi je... moi aussi je puisse faire partie de... de cette famille entre guillemets, si elles ne s'étaient pas acharnées, après, à faire appel, ce qui donnait forcément lieu, puisqu'il était mort, et que la seule... heu... la seule façon de prouver ou pas sa paternité, c'était l'exhumation...

PATRICK CHÊNE : Anne Drossart, vous êtes la maman d'Aurore, donc Yves Montand n'a jamais nié... heu... une liaison avec vous... heu... Les gens qui condamnent ce qui se passe actuellement disent – et ça a été le cas, ce matin, de Berri notamment – : « Mais c'est la cupidité qui fait... C'est l'appât de l'argent qui fait tout ça... »

ANNE DROSSART : C'est p't-être la cupidité, mais j'aimerais qu'on renverse aussi les rôles : pourquoi la cupidité serait-elle uniquement de notre côté, étant donné qu'effectivement le tribunal de

1. Par « elles », il faudra chaque fois entendre Carole Amiel et Catherine Allégret-Livi.

Paris s'est prononcé en septembre *94*[1] d'une façon tout à fait sérieuse, et non pas sur un simple... heu... une simple ressemblance, mais après quand même cinq ans de procédure, dont deux ans d'instruction pénale[2] ; et ce tribunal de Paris a affirmé qu'Aurore était bien la fille d'Yves Montand. Si elles avaient tout simplement accepté l'existence d'Aurore et ce jugement, si elles ne s'étaient pas acharnées à faire appel, à demander elles-mêmes une expertise génétique... heu... en dernier lieu...

(Patrick Chêne la coupe.)

PATRICK CHÊNE : Vous ne l'aviez pas demandée, vous, cette expertise, après la décision du tribunal, en 94, le 6 septembre... ?

---

1. Dans sa première réponse, *supra*, à Patrick Chêne, Aurore Drossart se trompe de date. Elle dit 96, pour septembre 94. C'est une habitude familiale de confondre les années.

2. Instruction pénale dont elle omet de rappeler qu'elle était menée pour attestations inexactes et visait A. Drossart...

ANNE DROSSART : *Post mortem*, jamais ! Nous avions demandé une expertise génétique – enfin, j'ai demandé, puisque Aurore était mineure –, une expertise génétique du vivant de Montand, donc, qui a été ordonnée par le tribunal et confirmée par la cour d'appel en 90 et 91, expertise à laquelle il n'a pas... il n'a jamais voulu se soumettre. Mais je n'ai... moi, je n'avais aucune raison de ne pas accepter la décision en 1994.

PATRICK CHÊNE : Il y a beaucoup d'argent en jeu, est-ce que ce n'est pas pour ça que... qu'on voit l'affaire, que le public peut voir l'affaire autrement qu'en une jeune fille, Aurore, qui veut tout simplement – et ça semble bien légitime – savoir qui est son père ?

ANNE DROSSART : Parce que je crois que les droits... les droits de l'enfant, que le père s'appelle Tartempion, Mont... Montand ou un autre, et que ce soit... qu'il y ait de l'argent ou non à la clef, peut-être ça se... peut-être qu'Aurore aurait eu plus de simplicité à être reconnue si son père était ouvrier chez Renault, etc. Parce qu'un enfant a droit à un père et à une mère, c'est ça l'essentiel... heu... Le... le malheur a fait que Montand est mort en cours de procédure, puisque cette procédure date de 1989... il est décédé en 91... et en la reconnaissant comme sa fille en 94, automatiquement elle devient son héritière... heu... Il n'y a aucune honte à cela, les enfants ont le droit d'hériter de leurs parents, que ce soit Yves Montand ou quelqu'un d'autre !

PATRICK CHÊNE : Aurore, vous avez accepté notre invitation, vous avez accepté de vous exprimer, vous vivez... Ça... heu... semble-t-il, en tout cas vous le montrez comme ça... assez sereinement, ça doit quand même beaucoup bouger dans... dans votre tête, tout ce qui se passe autour, médiatiquement, toutes les déclarations qui voient des... des... des... manœuvres un petit peu sournoises dans votre action...

AURORE DROSSART : Eh ben, disons que... bon, moi je... j'essaye... j'essaye de prendre énormément de détachement, parce que j'ai quand même bien mou... mûri, ça m'a donné une grande force de caractère de... de devoir me battre alors que je n'avais que quatorze ans, et... heu... c'est vrai qu'aujourd'hui... heu... ça me touche moins, c'est-à-dire que déjà je laisse faire, j'ai confiance, je pense maintenant... j'ai encore plus confiance en les experts que nous avons... heu...

(Chêne, qui vient de faire une découverte, la coupe.)

PATRICK CHÊNE : Vous avez la certitude en vous, là, elle vous habite, cette certitude, d'être la fille d'Yves Montand, ou il y a encore une question et vous attendez la réponse de l'ADN ?

AURORE DROSSART : J'ai toujours été sûre, mais y a toujours évidemment un doute dans la mesure où une personne refuse et s'obstine à refuser que l'on soit sa fille... y a toujours un espèce de doute, mais... heu...

PATRICK CHÊNE : Avant d'en parler un peu plus avec vous, Aurore et Madame Drossart, je vous propose de voir justement quelle va être la réponse scientifique... pour dire en quelque sorte que si l'ADN disait : « Aurore, vous n'êtes pas la fille d'Yves Montand », il n'y aurait pas d'appel... Vous êtes d'accord avec cela ? C'est une réponse scientifique, vraiment, cette fois-ci, déterminante. Jean-Daniel Flisaki va vous rappeler que, depuis un peu plus de dix ans, donc, la Justice dispose justement de cet arsenal, maintenant, une arme presque infaillible, donc, les tests ADN... à plus de 99 % on peut affirmer, donc, les paternités. Le rappel de ces techniques, avec Jean-Daniel Flaysakier.

(Il reprend après le reportage.)

Vous le voyez : 99,999[1]... Donc, Anne Drossart, c'est clair dans votre esprit : si le test ADN est négatif, vous disparaissez, si je puis dire... heu... de la scène médiatique et de la demande ?

(Tête de la dame...)

ANNE DROSSART : Pour moi il y a... moi, je suis aussi sereine qu'Aurore ; pour moi, y a aucun doute. Je sais pas, si une femme n'est pas capable de savoir quel est le père de son enfant !... Moi, c'est une certitude ; moi, j'ai une parfaite confiance : il a été nommé un collège de trois experts qui sont réputés pour leur intégrité et leur compétence... heu... j'ai tout à fait confiance... heu...

---

1. 99,999... de certitude, c'était le résultat déjà proposé par le professeur Philippe Rouger dans son rapport.

Patrick Chêne : Pardon de rentrer dans une question un tout petit peu plus humaine et personnelle, mais comment expliquer ce malentendu, si malentendu il y a, donc, avec Yves Montand... heu... Pourquoi cette demande de paternité si... si tardive qu'... que... c'est la vie qui a fait ça, c'est... ?

Anne Drossart : Non, la demande est tardive parce que Yves Montand était un homme marié, marié à Simone Signoret... heu... que je n'avais aucune envie de provoquer d'une part un scandale et, bon, de... de... couper les liens d'un couple... heu... Encore une fois, un couple qui est marié depuis longtemps peut très bien ne plus avoir de relations sexuelles, mais avoir beaucoup d'affection et beaucoup d'affinités. Je n'avais aucune raison de venir casser... heu... finalement une belle histoire. Quelque part, mon histoire était parallèle, mais moi, j'ai surtout cherché un lien réel... heu... entre Aurore et son père, et donc, j'ai cherché à travers les rencontres provoquées ou inopinées... heu... à travers ces rencontres, j'ai cherché à faire vibrer la fibre paternelle chez... chez Montand pour qu'il prenne à un moment sa fille dans ses bras et qu'il dise : voilà, c'est ma fille. Et pendant quatorze ans, en fait, c'est ce que j'ai cherché régulièrement, la dernière fois en 89. Avant vraiment de... de... d'engager l'action, j'y suis retournée et on a fait un dernier essai, ça n'a pas fonctionné, et quand... Bon, c'est vrai qu'Aurore et moi, on était très choquées par la médiatisation poussée de la naissance de Valentin – « Enfin papa pour la première fois... Cette joie que je n'ai pas, que je n'ai jamais pu connaître avant... » –, j'avoue que c'était très choquant, et on a décidé effectivement de... de... de mettre la Justice, effectivement...

PATRICK CHÊNE : Alors, Aurore, si le test est positif, si vous êtes reconnue indéniablement, donc, comme la fille de Montand, est-ce que vous pensez que les... que les blessures, les cicatrices, les haines qui sont nées de cette affaire peuvent se balayer, est-ce que... est-ce que, dans cet esprit, est-ce que vous vous contenterez de dire : bon, ben, j'vais avoir ma part... ou est-ce que vous revendiquerez une place, justement, et une compréhension de cette famille, des contacts avec les enfants de... ?

AURORE DROSSART : Vous savez... heu... ben, moi, moi je suis bouddhiste et la... et le principe même du bouddhisme, c'est la compassion par rapport aux gens, alors j'essaye... Par exemple, hier, quand on s'est retrouvés avec les avocats, j'avais l'impression qu'on était à la limite face à ce... à ça. J'avais l'impression qu'on était ensemble face à un événement qui était difficile, j'arrivais pas à éprouver de la haine ; néanmoins, je me suis aussi posé la question, je me suis dit : mais c'est à cause d'elles qu'on en arrive là, et elles, elles n'ont pas daigné venir et... heu... alors moi, je... Si... si donc je suis reconnue, bon, j'pense que c'que j'aimerais en fait en premier, ce serait peut-être un jour connaître Valentin. Mais ça, j'pense que ce sera à lui de le décider par lui-même, parce que j'pense que son entourage fera en sorte qu'on ne se connaisse pas. Heu... quant à elles, je pense que... heu... elles ont été tellement... heu... c'est vrai... heu... ignobles par rapport à ça...

PATRICK CHÊNE : Vous parlez de la dernière épouse d'Yves Montand et de Catherine ?

ANNE DROSSART *(intervention musclée)* : Elle n'a jamais été son épouse ! Sa compagne, mais pas son épouse !

AURORE DROSSART : Moi, je sais qu'je... à la mort de... de... de... *(raclement de gorge)*... de Montand, déjà j'n'ai pas pu aller l'voir et lui dire un dernier au revoir, et c'est pour ça que, hier, j'ai voulu être présente... heu... à l'exhumation et... heu... à l'Institut médico-légal. Je m'attendais, c'est vrai, je m'attendais... j'avais pas cette image-là... je m'attendais à... déjà à le reconnaître et à pouvoir lui dire au revoir une dernière fois. Et quand il est mort, j'ai envoyé une lettre à Carole Amiel... heu... pour dire : voilà, maintenant il est mort... heu... heu... est-ce que vous voulez qu'on... qu'on... qu'on essaye de se rencontrer et de faire quelque chose de... de positif ? Bon, je n'ai jamais eu de réponse et... heu... en revanche, elles ont... heu... elles ont continué l'action, et voilà !

PATRICK CHÊNE : Merci, en tout cas, d'avoir répondu à notre invitation. Et vous attendez donc la décision... verdict en quelque sorte de l'ADN, pour... heu... pour la confirmation de la paternité d'Yves Montand. Merci, mesdames...

Dure transition... heu... pour parler de tout autre chose, d'un sujet qui nous concerne tous... heu... et qui a son importance : c'est le pain !

Il était treize heures vingt-sept.

Je ne sais pas si le journal de la Deux fit plus d'écoute ce jour-là. Il faudrait le demander à Albert Du Roy.

Davantage concernée par le pain que j'allais déguster avec mon déjeuner, je résolus de fermer la boîte à images et je rejoignis la table familiale en compagnie de Maurice, tout en fredonnant cette chanson de Sardou : *« Je croyais être un chêne et je ne suis qu'un gland... »*

Le surlendemain, je reçus cette lettre :

Lyon, le 12 mars 1998

Chère Madame,

Hier j'ai beaucoup pensé à vous, parce que j'ai éprouvé beaucoup de peine et de dégoût pour ce qui se passait, et c'est pour ça que je vous écris. D'autant plus que je viens de voir le Journal de la Deux, et, devant cette pantalonnade, pensant que vous pouviez également l'avoir vu, je me suis dit qu'un témoignage de sympathie n'était pas inutile.

La violation d'une sépulture, même légalisée, reste monstrueuse. Ce n'est pas une profanation parce que c'est Montand, mais parce que c'est un être humain. J'ai longtemps espéré que ça ne se ferait pas.

À Carpentras, le dégoût s'était exprimé. Ce n'est pas parce que la chose est légale qu'elle est plus reluisante. D'autant plus que, si Montand était mort couvert de dettes, elle n'aurait pas eu lieu. On voit jusqu'où on peut se salir pour de l'argent.

Les amours comme les haines qu'on exprime pour une star sont toujours excessives, mais qu'on puisse prolonger les secondes par-delà la mort me sidère. Et là, lorsqu'on entend les arguments des « pour », on sent quelque part une morne revanche satisfaite.

Un mort moins célèbre aurait conservé ses droits au repos éternel.

À propos de la Deux, le moins qu'on puisse dire est que ces deux femmes n'ont pas été convaincantes, et que si les maladroites argumentations de la fille, manifestement téléguidée par la mère, ont fait pitié, la mère a donné d'elle une image peu reluisante. Ceci dit, le présentateur ne leur a pas déployé le tapis rouge, comme on dit.

Reste que je crois que si mon père n'avait pas voulu de moi, j'aurais eu beaucoup de plaisir à me faire un nom qui n'aurait pas été le sien ! Mais ceci ne me regarde pas.

Reste la sympathie que j'ai envie de vous témoigner. On est allé remuer la terre de la tombe de votre mère, et tripoter les restes d'un monsieur dont vous n'avez aucune goutte de sang, mais qui, je crois, vous a toujours aimée comme sa fille ; vous n'auriez pas pu l'être plus. Et vous n'avez pas besoin de test pour le savoir.

Soyez assurée de toute ma sympathie.

Merci, monsieur, cela m'a fait du bien.

Depuis deux jours, j'avais le sentiment que Montand était mort pour la seconde fois.

ÉPILOGUE

... Me voici arrivée au bout de cette histoire.

Ce qui est vertigineux, c'est qu'en ce 1er mai 1998, nous n'avons toujours pas les résultats des prélèvements d'ADN.

Pour que justice soit rendue à la mémoire de Montand, j'ai navigué à vue avec pour seuls guides mon intime conviction et le rapport du professeur Philippe Rouger.

J'ai d'ailleurs fini par me demander si ce cher professeur, en insistant autant sur l'« absence du père putatif » tout au long de son rapport, ne l'avait pas fait pour inciter la cour à ordonner cette fameuse exhumation. En effet, si les résultats de l'étude de l'ADN concordaient avec ses premières conclusions, non seulement ils cloueraient définitivement le bec aux Drossart, mais ils se révéleraient être pour lui une éclatante démonstration de ses talents d'expert et de l'efficacité de sa méthode.

Dans le cas contraire, force est de reconnaître qu'il n'aurait plus qu'à s'acheter une parfumerie... et, quant à nous, qu'à supplier Madame Drossart de nous communiquer ses chiffres pour le prochain tirage du Loto, car, tout de même, une chance sur mille, ce serait fortiche !

Tout au long de ce récit, en dépit de la certitude qui m'habitait, je me suis parfois retrouvée dans l'état de la lectrice passionnée que j'avais été, dans les années 80, du livre de Gilles Perrault, *Le Pull-Over rouge*.

Coupable ?... non coupable ?...

Montand coupable de quoi, d'ailleurs ? D'avoir été l'objet du désir d'une femme qui n'a jamais accepté de ne pas être le sujet de son désir à lui ?

Coupable aussi de donner un enfant à une autre femme, lui renvoyant ainsi l'écho de sa déconvenue ?

Coupable enfin et pour cause de ne pas lui avoir laissé d'autres preuves de leur aventure que les récits issus de son imagination phantasmatique ?

Tandis que je voyageais dans le temps, me plongeant dans les conclusions des uns et des autres, faisant appel à mes propres souvenirs, ou extirpant avec horreur de mon armoire les multiples coupures de presse ayant trait à cette affaire, j'ai beaucoup appris.

Les choses sont ainsi faites dans ce pays que l'on peut en toute impunité écrire n'importe quoi sur n'importe qui, pourvu qu'il soit mort. Jamais, dans les actions que nous avons intentées contre certains magazines, nous n'avons eu gain de cause quand il s'agissait de la mémoire de Montand.

Atteinte à la mémoire d'un mort, ce n'est pas chez nous un délit.

La Justice est décidément une drôle de machine. Au cours de la même période, nous avions suivi le procès Papon. Lorsqu'on décida d'exhumer Montand, je ne pus m'empêcher de penser que c'était la même Justice qui avait permis que Maurice Papon, durant son procès, ne restât pas en prison.

Le 25 mars 1998, Maman aurait eu soixante-dix-sept ans. Ce jour-là, Paulette Papon quittait ce monde. L'ancien préfet de police interrompit sa « villégiature » dans le Bordelais pour se rendre auprès de la dépouille de sa femme en compagnie de ses trois enfants. Dans les années noires, combien d'Esther, de Sarah, de Rebecca sont-elles mortes en déportation sans qu'aucun mari ni aucun fils puissent aller leur fermer les yeux ? Cela dit, les déportés l'étaient souvent en famille, ce qui réduisait notablement l'opportunité d'une telle visite.

Il y eut aussi l'affaire Carolyn Dickinson, puis l'arrestation du tueur de l'Est parisien. Je fus alors stupéfaite d'entendre que le Comité d'éthique, sous la direction d'Axel Kahn, réfléchissait aux termes d'une loi visant à ne pas attenter à l'intégrité d'un suspect vivant par une prise de sang, mais à remplacer celle-ci par l'examen d'un prélèvement de salive.

Mais quand donc ces gens plancheraient-ils sur le respect de l'intégrité d'un mort... qui n'était justement pas d'accord de son vivant ?!

Les idées les plus folles me traversaient la tête. Et si cette exhumation faisait jurisprudence ? Si, par exemple, on se mettait à déterrer systématiquement les morts qui avaient contracté une assurance-vie, pour être bien sûr que l'accident qui leur avait coûté la vie sur la route n'était pas, en fait, un suicide ou un meurtre maquillé en accident ?

Ou bien allait-on interdire cette pratique à jamais ?

Les Drossart avaient crié bien fort que nous aurions dû nous arrêter le 6 septembre 1994... et je pense que l'on comprendra bientôt pourquoi elles le crièrent si fort.

Qu'auraient-elles fait, alors, si la Justice avait conclu que, faute de preuves tangibles, on ne pouvait affirmer la paternité de Montand sur cette jeune fille ?

... Au Journal télévisé et dans les journaux, nous eûmes aussi droit ce jour-là à un manifeste d'intellectuels volant au secours du responsable d'Act'up. Tous venaient dire qu'ils avaient pris de la drogue à une époque ou à une autre et que, finalement, ça n'était pas si dangereux, lorsque c'était bien « géré »[1].

Ces considérations à ne pas mettre entre toutes les mains furent malheureusement déversées dans toutes les oreilles. Je suis prête à parier que, si ma pauvre mère avait encore été de ce monde, certains d'entre eux, qui se reconnaîtront, auraient agi différemment. À moins qu'ils n'aient eu dans le même temps le réflexe de couper leur téléphone pour échapper à un savon magistral. Elle était comme cela, ma mère : elle grondait les gens lorsqu'ils commettaient de grosses bêtises...

Le temps passe, lentement.

Le 15 mai, le verdict de l'affaire Fréminet tombe, léger comme la main de ce jeune

---

1. « Gérer » et « inégibilité » (pour inéLIgibilité) ont fleuri aux quatre coins des ondes en ce printemps de 1998.

homme qui a poussé par inadvertance un Arabe dans la Seine au cours d'une manifestation du Front national.

Et puis, le 20, nous partons.

Gare du Nord, onze heures quarante-trois, voie 5, voiture 8, places 53 et 54. À peine sur le marchepied de l'Eurostar, l'Angleterre nous accueille ou nous agresse, je ne sais pas encore très bien.

J'emmène Clémentine à Londres pour le week-end de l'Ascension. Après toutes ces heures difficiles, je lui devais bien ça. Chaque moment de bien-être est à consommer sans modération jusqu'au résultat final, ordonné pour le 30 juin au plus tard.

Papa n'est pas avec nous. Il n'aime ni l'Angleterre, ni les Anglais, et apprécie moyennement l'idée d'emprunter le tunnel sous la Manche. Lui, son truc, c'est le bateau ; sur l'eau, de préférence. Et puis, il adore nous voir partir en « pédettes », Clémentine et moi. C'est elle qui nous a surnommées comme ça, un jour qu'elle émettait le désir d'aller faire des courses seule avec moi : « Maman, si on y allait en "pédettes", sans Papa ? » Et l'appellation a rejoint la liste de nos codes.

Le train part à l'heure. Nous roulons vers Lille en longeant l'autoroute du Nord qui a éventré de vertes campagnes. Notre chef de bord répond au nom ensoleillé de Gianni. Il a fait une annonce, au départ du train, dans un fort accent italien. Me voici moins dépaysée. Dans quelques instants, un déjeuner va nous être servi. Devant nous, un verre de champagne et un jus d'orange. Il manque tout de même quelques cacahuètes, une rondelle de saucisse sèche, ou encore une olive, même toute petite...

Douze heures quinze : il fait très beau. L'hôtesse dépose un plateau devant nous. Le menu est annoncé en trois langues. Suivent des informations pompeuses et raffinées sur la préparation des mets, les choix des sommeliers, et de futures excuses pour le cas où ce qui nous est servi ne serait pas conforme à notre attente.

C'est la grande vie !

Dans un rond de matière plastique, une serviette en papier nous révèle un assortiment de couverts en métal, et l'image fugitive d'un instant de bonheur me transporte vingt ans en arrière... Dans un avion de la British Airways, nous volons vers Paris, Benjamin, Montand et moi. Il saisit sa poignée de couverts et commence à les mélanger comme on battrait des cartes, avant de choisir sa fourchette. Vingt ans ! Mon Dieu, je réalise que je suis arrivée à un âge où je peux dire calmement :

il y a dix ans, il y a vingt ans, il y a trente ans, il y a... Stop !

Clémentine a attaqué son entrée. Sa première fourchettée en bouche, elle m'interroge du regard. Je lui réponds innocemment : « Ne pose pas de questions, ma chérie, mange ! » Elle a un peu de farine du petit pain sur le bout de son nez ; elle me sourit. À compter de cet instant, toute nourriture franchissant le seuil de son palais sera considérée comme excellente. Sans doute est-ce emportée par cette considération qu'elle a englouti son crumble, puis le mien. Après tout, nous allons à Londres...

Une heure pour rallier Lille. Après Lille, le temps se trouble, se voile.

Ding-dong ! Treize heures treize, Gianni prend la parole : « Mesdames et messieurs, dans quelques instants, nous allons entrer dans le tunnel sous la Manche. Notre traversée durera environ vingt minutes. Vous pouvez dès à présent mettre vos montres à l'heure : il est douze heures treize. »

En claustrophobe avertie, je ne me fais pas à cette idée de tunnel sous la Manche. D'ailleurs, je n'aime aucun tunnel. Voilà, ça y est, nous sommes dans la pénombre. Le wagon est éclairé faiblement et nos lampes de lecture sèment des pastilles roses sur les tables. J'attends mon café. Respire, pense qu'il fait nuit, c'est tout, me dis-je stoïquement. Clémentine vient interrompre mon exercice de relaxation. « Quand je pense qu'il y a la mer au-dessus, me dit-elle d'un air sadique. – Ta gueule, fais pas chier ! » aboyé-je gracieusement. Elle renchérit : « Mais on ne ressent pas la pression, c'est normal ? » Ah, le café ! Je souris pauvrement à l'hôtesse. « C'est génial ! Tu es en train de prendre ton café sous la mer ; je trouve ça génial ! » ajoute Clé. Et, comme moi aussi je trouve cela « génial », je n'aboie plus.

Bientôt, le bout du tunnel... enfin, du tunnel sous la Manche. Nous voici en Angleterre... Trois heures après notre départ, l'Eurostar nous débarque dans Waterloo Station baignée de soleil. C'est à n'y pas croire.

Un taxi rouge vif nous conduit jusqu'à notre hôtel. Nous avons gagné une heure sur Paris, une demi-journée s'offre à nous.

La chambre est petite mais confortable. Changement de décor, changement de costume, et, surtout, changement de chaussures. Parties avec de grandes ambitions culturelles, nous sillonnons Londres à pied... d'un magasin à l'autre. De tous les musées que Clémentine avait inscrits sur sa liste, seul celui de Madame Tussaud va survivre à notre frénésie de lèche-vitrines.

Une heure dix de queue pour croiser enfin, au hasard des étages, Gérard Depardieu buvant un verre de vin rouge sous une tonnelle, Michael Jackson jouant de la guitare, ou bien encore le dalaï-lama. Dans cet aréopage de cire, nous ne savons plus où donner de l'objectif pour rapporter LA photo-choc et satisfaire le petit paparazzo qui sommeille en nous. J'ai peu de souvenirs du musée Grévin, mais, à en croire ma fille, celui-ci est plus grand, plus vaste, mieux fait, plus terrifiant, plus drôle aussi – plus anglais, quoi ! Car, depuis notre arrivée, ici c'est bien mieux que là-bas !

En fait, ce qu'il y a de très, très bien ici, c'est qu'il n'y a plus de France. Je veux dire par là que, sur les quatorze chaînes que nous pouvons capter sur notre poste de télévision, pas une n'est française. *Idem* pour la radio. Il est vrai que, lorsqu'il y a du brouillard sur Londres, les Anglais affirment que le continent est isolé...

En l'occurrence, ça me plaît bien, à moi, que le continent soit isolé pour quatre jours ! Les Drossart peuvent bien faire les pieds au mur ; de ma place, je ne risquerai pas de les voir ni même de les entendre. J'ai quand même une pensée émue pour elles en expédiant à Dominique Piwnica une carte postale qui représente d'anciens gardes armés, prêts à sévir.

Pour parler à Maurice et lui faire le récit de nos journées, nous avons le téléphone.

Le premier jour, nous avons fait l'emplette d'une carte téléphonique locale pour profiter des belles cabines rouges. Avant d'entrer dans l'une d'elles, Clémentine, qui ne les avait vues que de loin, m'a fait observer que leurs vitres étaient couvertes à l'intérieur de cartes postales, et que, comme nous étions en Angleterre et pas en France, personne ne songeait à les arracher ou à les voler. Une fois sur place, nous avons dû constater que lesdites cartes n'étaient en fait que de hideuses photos de dames qui proposaient leurs services dans les poses les plus suggestives en précisant leur numéro de téléphone et leur tour de poitrine (d'ailleurs jaugeable à l'œil nu).

Bonheur, fous rires, shopping : tels furent les maîtres mots de notre escapade. Nous envoyâmes beaucoup de cartes postales, rapportâmes pas mal de souvenirs, le plus beau étant celui de notre complicité...

Depuis notre retour, je sursaute chaque fois que le téléphone sonne. Je sais que la nouvelle peut tomber d'un jour à l'autre. Pour tromper mon attente, je brode la Bretagne au point de croix sur un grand morceau de toile Aïda. Une chaloupe tangue toutes voiles dehors dans des camaïeux d'ocre. Le mot « Armor », tressé d'ajoncs dorés, lui fait escorte. Au-dessus, un triskel décline les bruns, du taupe à la gazelle. J'ai attaqué le bleu d'un ciel paisible sur le toit d'une chapelle. Je suis paisible, moi aussi.

Probablement n'aurai-je pas le temps de finir le bouquet d'hortensias qui fleurit sur son mur avant la fin de cette longue nuit qui m'a enveloppée depuis l'exhumation de Montand.

Oui, c'est bien cela : il a fait nuit. Nous avons vécu, nous avons été heureux, comme avant, mais dans une espèce de brouillard nauséeux.

Mieux vaut nous dire que nous avons cauchemardé. Que ce n'est pas la folie des hommes qui a tissé sur notre existence sa toile gluante. Tout cela n'a pas existé. Je vais me réveiller.

Montand pourra reposer en paix, comme l'homme honnête qu'il a toujours été. Lydia finira ses jours dans la sérénité du cœur. Mes enfants continueront d'être fiers de leur grand-père, et Valentin pourra enfin grandir, jouer, sortir la tête haute avec sa maman, comme n'importe quel autre petit garçon.

C'est la seule chose qui compte pour moi.

Je n'ai plus ni haine, ni désir de vengeance. Si j'ai écrit ce livre, c'est pour ne pas sombrer.

« La vérité, je crois, n'a qu'un seul visage : celui d'un démenti violent. »

(Georges Bataille, *Le Mort*.)

Les Mousseaux, 31 mai 1998.

POSTFACE

J'ai fini d'écrire ce livre durant le week-end de la Pentecôte.

N'ayant qu'une confiance très limitée en la nature humaine en général et en celle des médias en particulier, j'avais résolu d'en remettre la copie à un huissier afin qu'il la dépose chez mon éditeur.

De cette façon, je me mettais prudemment à l'abri de toutes insinuations visant à contester l'authenticité de la date du 31 mai qui marquait la fin de mon travail d'écriture.

Il le fallait, pour conserver à ce livre toute la force de ma conviction.

Bien m'en a pris !

Le 3 juin, Madame Drossart tirait une cartouche médiatique – une de plus – visant à organiser un climat de doute autour d'un résultat qui ne devrait plus tarder.

L'interview qu'elle a accordée à *France-Soir*, sous la plume de Madame Arlette Nachbaur, m'a soulevé le cœur. Le démenti qu'elle a émis dans la matinée n'a rien fait d'autre que souligner à gros traits l'aspect fantasque de sa personnalité. Faut-il qu'un grand quotidien comme *France-Soir* soit tombé au plus bas de son tirage pour se prêter à une telle mascarade !

Une mascarade qui pourrait fort bien n'être, au fond, qu'un avant-papier destiné à annoncer la sortie d'un livre qui ne devrait jamais voir le jour... à moins que son éditeur ne confonde le sens du ridicule avec celui du marketing !

Voilà. Cette fois, j'ai fini.

Je sais que je ne suis ni au bout de mes surprises, ni au bout de mon indignation, avec ces deux femmes.

Mais je fermerai mes oreilles et me boucherai les yeux.

Tout comme je le faisais il y a peu dans le tunnel sous la Manche, j'inspire profondément et guette la petite lumière qui brille, là-bas, tout au bout, sur l'autre rive...

Les Mousseaux, 4 juin 1998.

DU MÊME AUTEUR

Les Souvenirs et les Regrets aussi..., Éditions Fixot, 1994.

L'Entre deux mères, Stock, roman, 1997.

Composition réalisée par PPC

IMPRIMÉ EN FRANCE PAR BRODARD ET TAUPIN
La Flèche (Sarthe)
LIBRAIRIE GÉNÉRALE FRANÇAISE 43, quai de Grenelle - 75015 Paris
ISBN 2-253-14653-6

31/4653/7